유아를 위한 **음악교육**

이민경 저

21세기사

머리말

그리이스 신화에서 "프로메테우스"는 인간을 창조한 신이다. "프로메테우스"는 인간을 창조하고 인간에게 농사짓는 법과 불을 사용하는 법을 가르켜 인간이 스스로 먹고 살수 있도록 한다. 그런데 제우스는 인간들이 자신들만 잘 먹고 살고 신에게 바치는 일은 소홀히 하고 있다고 생각하여 인간에게 벌을 내리기 위하여 인간들로부터 불을 빼앗는다. 그래서 인간의 생활은 엉망이 되어버렸고, 암흑 속에서 생활하게 되었다. 이에 "프로메테우스"가 태양으로 날아가 불을 집혀서 다시 인간에게 불을 가져다준다. 이에 "제우스"가 분노하여 "프로메테우스"에게 가혹한 벌을 내린다. 이를 가엽게 여긴 "헤라클레스"가 "프로메테우스"를 구출한다는 내용의 신화가 있다. 여기에서 "프로메테우스" 는 항상 인간의 편에 서서 인간의 고통을 해결해 주는 역할을 하는 신을 의미한다.

베토벤 또한 마음속에 항상 생각하고 있는 것은 "인간의 존재" 이였으며 인간의 고통을 자신의 음악을 통하여 해결해 주려고 노력하였다. 베토벤은 인간의 자유와 평등의 실천을 자신의 궁극적인 삶의 목표로 삼고 현실적인 나폴레옹이 그것을 실천해 주기를 원했는데, 나폴레옹이 스스로 황제에 등극하고 권력욕에 사로잡힌 한 속물로 전락하자 "교향곡 3번"을 "나폴레옹에게 헌정하려 함"이라는 표제를 사용했다가 "어느 영웅을 위하여"라는 이름으로 바꿔버린다. 음악이 인간의 고통을 덜어주기 위한 것이였기에, 여러분도 음악이 유아의 삶에 수단이 되어 부담이 되지 않도록 도움을 주기 바라며, 여기에 실린 음악활동이 교사의 유아에 대한 올바른 가치관을 통하여 유아에게 즐거운 삶을 살아가는데 보탬이 될 수 있었으면 좋겠다. 유아음악교육을 하는 유아교육기관의 선생님들 역시 자신이 신의 음성을 듣고 인간에게 전달해 주려했던 베토벤처럼 그러한 사명감으로 유아음악 교육에 임하길 원하는 마음에서 이 책을 쓰게 되었다.

본 책은 내용이나 분량 면에서 유아교육 관련 학생들의 강의교재에 초점을 맞추었다. 음악교육에서의 신체활동은 동작활동 및 신체활동과 같은 과목과 중복된 부분이 너무 많아 실제부분에서 다루지 않았으며, 현장에서 실제 이루어지고 있는 현재의 유아 음악교육상황을 감안하여 대안적이며, 쉽게 접근할 수 있는 방법들을 제시하였다. 그 동안 유아 음악 교육의 내용이 극히 제한적이었다는 것을 극복하기 위하여 시대적 변화를 수용하고, 다양한 장르의 음악을 유아 음악교육으로 접근해 보았다.

유아교육을 하면서 두 딸아이의 유아기는 나에게 유아교육을 더 쉽고 풍부하게 하도록 도움을 주었다. 둘째 딸 현진이의 마지막 유아기가 끝나기 전에 이 책을 쓰게 되어 다행으로 생각하며, 올해 초등학교에 입학하는 현진이와 의젓한 언니 승주, 모든 일에서 항상 마지막을 마무리 해주는 자상한 남편, 그리고 음악적 재능을 물려주신 아버님께 감사함을 전한다.

저자 이 민 경

차 례

제1장

유아 음악교육의 가치와 목적

1. 유아 음악교육의 가치

인간에게 음악을 사랑하는 능력은 세상에 태어나기 이전부터 모든 인간의 내부에 프로그램이 되어 있는 능력이라고 할 수 있다. 인간이 음악을 즐길 수 있는 능력은 그것이 학습된 행동이 아니라 세상에 태어나기 이전 자궁 내에 있을 때에도 좋은 소리에 대하여 즐거워하고 나쁜 소리에 대하여 불쾌하게 받아들이는 반응을 보여왔다. 음악을 즐길 수 있는 능력은 인간의 기본적인 조건들 중의 하나이며 생존(survival)과 밀접한 관계를 갖는다고 할 수 있다.

이러한 인간의 능력은 태어난 후 특별한 음악교육을 받지 않아도 노래를 듣고 부르고 표현하며, 소리를 듣고 식별할 수 있게된다. 그럼에도 불구하고 영유아기부터 음악교육을 실시하고 그 후 초, 중, 고, 대학에서 계속적으로 음악교육을 하는 것을 보면 인간에게 있어 음악은 음악을 통하여 단순히 음악적 기술을 습득하기 위한 것 이외에 인간의 생활과 발달에 밀접한 영향을 미치고 있음을 알 수 있다.

인류의 역사는 바로 음악의 역사라고 할 수 있다. 역사적으로 어느 나라, 어느 문화, 어느 시대에도 음악이 존재하지 않았던 적은 없다. 고대 아프리카인, 북미와 남미의 인디안, 그리고 오세아니안 종족들과 같은 원시집단에서도 음악이 있었고, 중국, 인도, 한국, 일본의 고대 사회에서도 역시 음악이 있었다. 초기 고대의 음악에 관한 저자들은 음악을 수학적, 이론적인 방식 또는 철학적, 윤리적 방식으로 다루었다. 예를 들면, 피타고라스는 철학자이며 수학자였는데 음악은 옥타브와 5도 음정만이 가장 순수한 협호음이라는 음악적인 비율을 발견하여 설명한 바 있고, 2000여년 전 플라톤과 아리스토텔레스는 이상적 도시 국가 수립을 위하여 체제에 순응하는 인간을 육성하기 위한 방편으로 음악을 활용했으며, 중세에는 교회와 학교에서 사람들의 종교적 교화를 목적으로 음악을 활용했으며, 17세기의 철학자들은 도덕심을 고양하는 데에 유용하다는 점에서 음악의 필요성을 인정하였다.

1838년 미국의 공립학교에 음악이 정규교과로 설정되었을 때에는 음악이 지적, 도덕적, 신체적 발달에 도움이 된다는 점에서 그 당위성이 인정되었다(조수철, 2003).

동양에서도 역시 음악에 대한 기록은 긴 역사를 가지고 있다. 고대 중국에서는 음악의 도는 정치와 통한다. 즉 정치를 할 때의 원칙과 음악적인 원칙을 같은 것으로 보아 "音"을 말의 변형된 형태로 보고 백성들 사이에 유행하는 노래를 통하여 백성들의 마음을 알고 이것을 정치에 반영하였다. 즉 음악이란 "인간의 삶"이라는 의미가 있다고 하겠다(조수철, 2003).

우리는 이미 자연스런 생활 속에서 음악을 접해왔다. 어렸을 때 할머니 어머니가 들려주시는 자장가를 들으며 잠이 든 경험과 우는 아이를 달래주시기 위해 들려주던 읊조리식 형태의 노래, 놀이를 하는데 필요한 노래들을 들으며 자연스럽게 노래를 접해왔다. 음악은 이처럼 이미 우리들의 생활 속에 자연스럽게 깊숙이 자리잡고 있다.

인간에게 음악이 없었다면 인간의 생활은 어떻게 되었을까? 를 생각해 보면 음악과 인간 생활과의 불가분의 관계와 음악의 가치를 쉽게 이해할 수 있게된다. 어린시절 리듬을을 맞출 때, 춤추고, 북치고, 방울 흔들 때 노래가 없었다면, 유년시절 캠프파이어 시간에 노래가 없었고, 교회에서 음악이 없었다면, 청소년기에 마음을 달래는 달콤한 노래가 없었다면, 어른이 되어 쇼에 갔는데 노래가 없고 영화에 음악이 없다면 그리고 라디오에서 음악이 흘러나오지 않는다면 우리의 생활은 어떻게 되었을까 상상하기 조차 어려운 일이다.

2. 유아 음악 교육의 목적

유아기는 음악적 능력을 형성하는 가장 기초적이고 중요한 시기로 음악적 감수성이 매우 빠르게 발전하는 시기이다. 초기 음악적 경험을 통하여 유아는 신체 발달, 정서 발달, 인지 발달, 언어 발달, 사회성 발달, 창의성 발달을 쉽게 도모할 수 있기 때문에 음악 활동의 대부분이 유아기에 시작되어야 하고, 유아기의 풍부한 음악적 경험은 일생동안의 음악적 삶에 필요한 자양분이 된다(안재신,1996). 따라서 유아 음악교육은 음악적 기능에 주력하기보다는 인성형성의 밑받침이 되는 전인교육이 되어야 한다.

하지만 가정에서의 음악교육이나 유아교육기관에서 이루어지고 있는 음악교육이 노래나 율동, 기악에 많이 치우쳐 있는 것이 현실이기도 하다. 시대와 사회상에 따라 음악교육의 목적과 양상이 달라진 과거의 음악교육과는 달리 현대의 음악교육은 인간과 음악, 음악과 교육 등과의 관계 속에서 파악하려는 포괄적인 시각에서 접근하고 있다(이홍수, 1992).

바람직한 음악의 체험을 통하여 음악성을 계발하고, 풍부한 정서와 창조성을 길러 조화로운 인격을 형성하게 한다(이홍수1992)는 음악교육의 일반적인 목적과 같은 맥락에서 유아 음악교육의 목적 역시 기능의 연습이라기보다는 음악을 친숙하게 느끼도록 하고 좋은 음악 표현이나 감상에 적극적인 태도를 갖도록 유아의 생활 속에 자연스럽게 음악을 받아들이는 습관을 기르는 것이 중요하다(김혜경, 2001).

현대의 유아 음악교육은 유아에게는 일상생활의 일부로써 음악을 경험시키게 해야한다는 여러 학자들의 이론에 따라 유아에게 음악을 지도하는 것은 단순히 음악 교육을 위한 것이 아니라 음악을 통해서 유아의 생활 전체를 발달시키는 것에 교육의 방향을 맞추고 있으며, 유아교사 또한 유아 음악을 지도하는데 있어 음악적인 전문가 양성에 목적을 두지 않고 유아의 통합적인 발달에 목적을 두고 있다.

위와같은 유아음악 교육의 목적아래 발달 영역별로 음악교육의 목적을 살펴보면 다음과 같다.

1) 유아 음악과 신체발달

유아 음악활동은 유아의 신체 발달을 촉진시켜준다. 유아의 음악활동에 있어 신체를 사용하지 않고 조용히 앉아서 하는 음악활동은 유아의 발달 특성상 적합하지 않는 방법이라 할 수 있다. 음악 시간을 의미 있게 보내기 위해서는 신체를 활용한 활동이 유아에게 의미 있기 때문이다. 노래부르기, 악기연주, 음률활동 등의 음악 경험은 유아의 소근육, 대근육의 조절능력을 증가시켜 주고, 신체를 움직이는 실험과 탐색을 하도록 도와준다.

특히 손유희나 노랫말 자체가 유아가 쉽게 따라 움직이게 하는 동작성 노랫말을 가지고 있는 음악은 노래를 통하여 자유스럽게 온 몸을 움직임으로써 신체발달에 도움을 준다. 또한 다양한 종류의 악기연주는 각기 다양한 형태로 몸을 움직이게 하여 신체발달에 도움을 준다고 할 수 있다. 동작성 노랫말을 가지고 있는 대표적인 노래는 *모두다 뛰놀자, 둘이 살짝, 손뼉치고 오른팔끼고, 호키포키, 옆에옆에, 나처럼 해봐요, 훌랄라 폴카, 그대로 멈춰라, 높이 뛰세요, 높은 곳 낮은 곳* 등이 있다.

✱ 손유희

곰을 잡으러 갑시다.

곰을 잡으러 갑시다	제자리에서 두 주먹을 쥐고 달리듯이 팔을 굴린다.
숲속으로 갑시다	양 손을 모아 앞으로 구불구불 헤쳐 나아간다.
헤엄쳐서 갑시다	양 손으로 헤엄치는 동작을 한다.
나무 위로 올라가	양 손으로 나무를 껴안고 계단 오르듯이 올라간다.

이리저리 살피고	한 손을 눈 위에 한 손은 허리에 놓고 두리 번 거린다.
다시다시 내려와	나무를 껴안고 계단 내리듯이 내려온다.
성큼성큼 걸어서	양 손은 바닥을 향하고 걸음걸이는 크게 걷는다.
엉금엉금 기어서	양 손을 바닥에 놓고 기어간다.
살금살금 뒤로가	양 손을 폈다 오므렸다 하며 살금 살금 다가간다.
잡을까 말까 잡을까 말까	양 팔을 앞으로 내었다 뒤로 잡아당긴다.

옆에 옆에

외국곡

2) 유아 음악과 사회 · 정서발달

유아는 또래와 어울리면서 사회적인 존재로 성장하게 된다. 또래와 다양한 음악활동 속에서 신호에 따라 함께 시작하고 끝내며, 음악적인 기호에 같은 행동을 하면서 또래와 동질감을 느끼고, 사회적 규칙이나 질서 등을 노랫말을 통하여 자연스럽게 습득하게 된다.

대집단 음악활동이나 개별 및 소집단 손유희, 여럿이 친구들 앞에서 노래 부르기 등을 통하여 소극적이며 수줍음이 많은 유아들도 자연스럽게 자신을 표출할 기회를 갖게되며, 음악에 대한 유아의 주관적 생각이나 다양한 감정을 인정해 주고, 유아를 소개하는 노래나 생일 축하노래에 다양한 수식어를 사용하여 긍정적인 자아 개념형성에 도움을 준다.

이러한 음악경험은 유아가 한 인간으로서 자신을 알고 인정하며 문화의 동일시와 지신감을 키워주며 유아가 느끼는 표현을 예민하게 인식시켜 준다.

유아의 사회, 정서적 발달에 도움을 줄 수 있는 대표적인 노래는 *내동생, 엄마와 함께, 고마우신 선생님, 우리 어머니, 어른이 되면, 우리동네, 건너가는 길, 그러면 안돼, 차례차례, 당신은 누구십니까* 등이 있다.

엄마와 함께

양한나 작사
김성균 작곡

당신은 누구십니까?

3) 유아 음악과 언어발달

음악경험은 유아의 음악경험의 묘사 속에서 언어를 습득하고 노래 부르기와 듣기를 통해 단어와 소리의 형태를 배우도록 도움을 준다. 노랫말을 통하여 다양한 어휘를 습득할 수 있으며, 특히 말 배우는 시기에 있는 영아들의 어휘발달에 많은 도움을 주며, 하나의 노랫말을 주제에 맞게 바꾸어 보거나 다른 상황이나 사물로 개작하여 봄으로써 다양한 어휘를 접할 수 있게 된다.

유아의 언어발달에 도움이 되는 대표적인 노래는 *예쁜 자동차, 글자놀이, 공룡, 진달래와 개나리, 송편, 어떤 말을 하면 좋을까?, 누구일까?, 숲 속 친구들, 들짐승을 집에서 못 키우는 이유, 내가 좋아하는 공룡*등이 있다.

예쁜 자동차

윤석손 작사
나운영 작곡

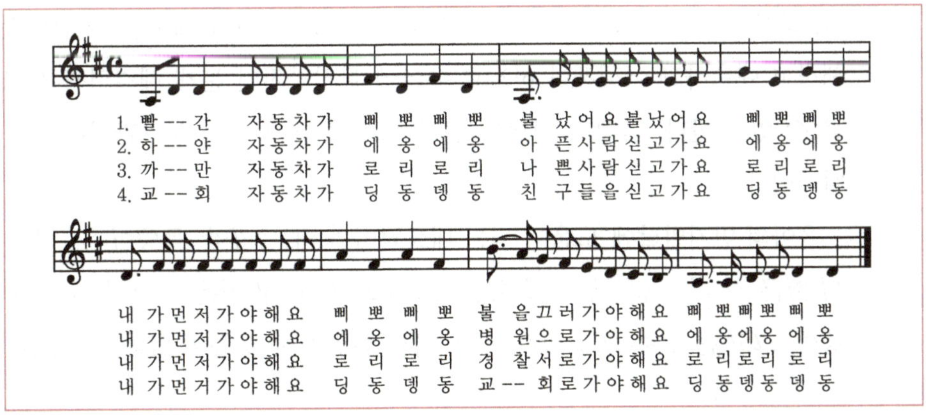

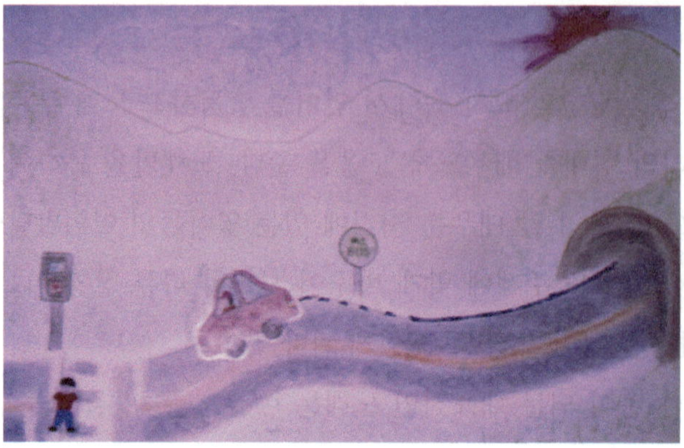

〈빨간, 하얀, 까만... 자동차를 만들고 칼집을 내어 자동차를 움직이면서 노래를 불러본다〉

4) 유아 음악과 인지발달

유아는 놀이와 같은 자연스런 활동을 하면서 스스로 인지학습을 한다. 음악경험은 유아의 사고력, 문제 해결력, 소리에 대한 이해력을 개발하고, 관계, 비교, 개념을 통합할 수 있도록 자극한다. 특히 지식의 종류 중 사회적 지식에 해당되는 개념은 다양한 음악활동을 통하여 자연스럽게 익힐 수 있는 적합한 방법이라 할 수 있다. 또한 음악을 듣고 다양한 느낌과 감정을 표현하기 위해서는 사물의 속성을 탐색하고 예측하고 이해해야 하므로 유아에게 적극적인 문제 해결력과 사고력을 기를 수 있게 한다. 음악적 경험과 인지발달과의 긍정적인 상관관계는 이미 밝혀진 사실이다.

유아의 인지발달에 도움이 되는 대표적인 노래는 *씨앗, 돌멩이, 열 작은 인디언, 더 빠른 것 더 느린 것, 숫자 행진, 10의 노래, 다섯 작은 꾀꼬리, 우리의 친구 지렁이, 크고 큰 우주 작고 작은 우리, 색깔놀이, 망치질* 등이 있다.

*손유희

망치질

한 개로 망치질을 합시다	손가락 하나를 편다.
뚝딱 뚝딱 뚝딱 뚝딱 뚝	한개의 주먹으로 바닥을 친다.
두 개로 망치질을 합시다	손가락 두 개를 편다.
뚝딱 뚝딱 뚝딱 뚝딱 뚝	양 손을 주먹으로 만들어 바닥을 친다.
세 개로 망치질을 합시다	손가락 세 개를 편다.
뚝딱 뚝딱 뚝딱 뚝딱 뚝	두 개의 주먹과 한발로 동시에 바닥을 친다.
네 개로 망치질을 합시다	손가락 네 개를 편다.
뚝딱 뚝딱 뚝딱 뚝딱 뚝	두 개의 주먹과 두 발로 동시에 바닥을 친다.
다섯 개로 망치질을 합시다	손가락 다섯 개를 편다.
뚝딱 뚝딱 뚝딱 뚝딱 뚝	두 개의 주먹과 두 발과 머리로 동시에 망치질하는 흉내를 낸다.
ㅇㅇㅇ는 피곤해 졌네	책상위로 엎드리거나 바닥으로 누워 쉰다.

망치질

윤애희 작사
윤애희 작곡

색깔놀이

Hap palmer 작곡
이 영 편역

5) 유아 음악과 창의성발달

유아 음악활동의 내용이나 방법이 유아의 발달에 적합할 때 음악을 통한 창의성 발달을 도울 수 있다. 즉 음악활동의 내용이 단순한 기술 습득이나 보여주기 위한 암기활동에 그치지 않고 유아의 다양한 음악적 반응을 인정해주고 허용할 때 가능하게 된다. 대표적 인 예로 음악극은 동화나 동시의 내용 또는 주제와 관련된 내용을 극화하거나 노래극으로 구성하는 창작극에 속하는데 창작극은 공연을 중시하는 전통적 극놀이와는 달리 자발적으로 친숙한 상황과 주제를 발현적으로 선택하게 되며, 공연의 결가가 아닌 과정에 교육적 가치를 둔다(교육부,1998; 조동희,1990; Dillon, 1988; Erickson,1998; McCaslin,1990; Shaftel & Shftel, 1983).

우리는 유아 음악을 통하여 음악가를 만드는데 목적이 있는 것이 아니라 유아가 생을 살아가면서 때로는 정서적 안정을 찾게 도움을 주고 카타르시스를 느끼게 해주며 스트레스를 푸는데 도움을 줄 수 있여야 한다. 생활 속에서 다양한 방법으로 음악을 접할 수 있게 하여 음악과 친해지는데 목적이 있으므로 유아의 음악적 반응에 대한 정해진 하나의 정답을 강요해서는 안 된다.

높은 곳 낮은 곳

외국곡

- 노랫말에 맞추어 몸, 팔, 다리, 어깨, 팔굽 등으로 높은 곳과 낮은 곳을 만들어 본다.
- 두 명의 유아가 한 조가 되어 한 유아가 몸의 여러 신체 부위로 높은 곳과 낮은 곳을 결정하면 "지금 어디냐" 부분에서 다른 유아는 눈을 감고 상대편의 신체 부위를 만지며 높은 곳인지 낮은 곳인지를 알아 맞추는 놀이로 할 수 있다.

- 20센티 정도의 낮은 단으로 벽면을 이용하여 간단한 극장형태를 만들어 유아들이 노래, 율동, 음악극등을 자유스럽게 표현할 수 있도록 환경을 제공해주면 색다른 음악적 경험을 느낄 수 있다.(덕진 삼성어린이집)

제 2 장

유아의 음악성 발달

유아는 발달적 변화에 따라 항상 새로운 음에 대해 관심이 많다. 이러한 욕구를 기초로 하여 합리적인 지도와 적합한 환경만 갖춰진다면 유아의 음악적 능력은 충분히 개발될 수 있을 것이다. 그러기 위해서는 현재 유아의 음악적 발달 특성을 잘 이해하는 것이 전제조건이 된다.

유아기의 일반적인 음악적 특성을 살펴보면 다음과 같다(김미란, 1986).

첫 째, 화성과 가성의 구별이 없고, 너무 높거나 낮거나 빠른 음악은 잘 부르지 못한다.

둘 째, 리듬감, 박자감, 음정, 속도감등의 감정적인 면이 비교적 불명확하다.

셋 째, 다른 유아들과 노래를 맞춰 부르기 힘들다.

넷 째, 노래를 좋아하지만 단숨에 따라 부르기는 힘들다.

다섯째, 한 프레이즈를 단숨에 부르기가 어렵다.

여섯째, 음악의 리듬에 신체적 반응을 나타내지만 분명치 않다.

일곱째, 음악적 상상력이 덜 발달된 상태이기 때문에 전문적으로 음악적인 창조적 표현은 무리이다.

여덟째, 유아들은 음악을 기억하기 좋아하나 단음으로 반주해야 잘 알아들으며 오랜 시간동안 앉아서 음악을 듣지 못한다.

아홉째, 선율이나 화성보다는 리드미컬한 밝은 묘사음악이나 잘 알고 있는 음악에 더 흥미를 보인다.

열 째, 선율악기 보다는 타악기에 흥미를 갖고 자유스럽고 다양한 방법으로 소리 내기를 좋아한다.

열 한번째, 신체를 동반할 때 음악을 쉽게 이해한다.

1. 유아의 음악성 발달

1) 출생-12개월

수면과 무기력에 의해 대체적으로 조용하며 불만족 할 때는 울고, 사람 소리를 듣기 좋아하며 특히 양육자의 목소리에 더욱 정확히 반응한다. 엄마의 규칙적인 심장박동을 느끼며, 엄마의 심장박동이나 똑딱 똑딱거리는 시계소리 같은 규칙적인 박, 그밖의 불규칙적인 박에 민감히 반응하면서 리듬에 대한 감수성의 발달이 시작된다. 또한 엄마의 얼르는 소리나 노래 소리 등에 귀를 기울이며, 엄마 목소리의 특성을 감지한다. 그리고 사람 목소리와 사람 소리가 아닌 자동차 소리, 문소리 등의 주위 환경 소리가 다른 것을 알고 구별하기 시작한다. 다른 사람의 목소리와 자신의 목소리를 들으면서 혼자서 소리를 만들어 보는 것을 시작으로 혼자서 옹알거리는 소리를 내기 시작한다. 이러한 소리를 내는 과정은 엄마의 목소리와 엄마가 아기에게 끊임없이 이야기하거나 노래를 불러주는 과정에서 스스로 터득한다. 3-4개월이 지나면서 쿠잉(cooing)즉 '구구' 와 같은 소리를 내며, 소리나는 쪽으로 시선을 돌리며, 모든 소리에 민감하여 큰 소리, 작은 소리, 음악소리, 시끄러운 소리, 동물소리 등 소리에 대한 귀가 예민해 진다. 7개월에는 음악에 맞춰 팔을 움직이고, 소리를 반복하기 시작하며 많은 소리를 흉내내기 시작하며 싫어하는 음악에 대하여 울거나 놀라는 반응으로 불쾌감을 나타낸다.

이시기에 영아들이 자주 접하는 음악적 경험은 부모님이 들려주는 자장가나 약간의 운율이 가미된 대화라고 할 수 있다.

이 세상에 태어나서 말을 알아듣기 전에 엄마가 불러주면 아기가 포근히 잠이 들어 꿈속으로 떠나는 사랑의 노래, 그것은 두말한 것도 없이 자장가이다. 아기들을 평화로운 천사의 모습으로 만들고, 그 천사의 아름다운 모습을 담는 음악이 자장가이다(이향숙, 1998). 우리나라에서 작곡된 자장가 중에서는 이흥렬의 자장가와 김대현의 자장가가 널리 애창된다.

자장가

김영일 작사 · 김대현 작곡

우리 아기 착한 아기
소록소록 잠들라
하늘나라 아기별도
엄마품에 잠든다.
둥둥 아기 잠자거라
예쁜아기 자장

우리아기 금동아기
고요고요 잠잔다
바둑이도 짖지마라
곱실아기 잠깰라
오색꿈을 담뿍 안고
아침까지 자장

어화둥둥 잘도잔다

전래 자장가

둥실둥실 잘도잔다 어화둥둥 우리아기
콩나물전 갔었던가 콩나물 같이 잘도크고
비장전에 갔었던가 비상히게도 잘도크네

둥실둥실 잘도잔다 어화둥둥 우리아기
사기전에 갔었던가 삼삼하게도 어여쁘고
옹기전에 갔었던가 옹골옹골 어여쁘네

둥실둥실 잘도잔다 어화둥둥 우리아기
상추밭에 갔었던가 상추같이 잘도크고
고추밭에 갔었던가 화끈화끈 어여쁘네

둥실둥실 잘도잔다 어화둥둥 우리아기
소금밭에 갔었던가 간간히도 어여쁘고
담배밭에 갔었던가 담배같이 잘도크네

둥실둥실 잘도잔다 어화둥둥 우리아기
어디갔다 이제왔니 밥먹다가 이제왔니
둥실둥실 잘도잔다 어화둥둥 우리아기

---

2) 1-2세

낮은 소리를 구별하기 시작하며 새로운 소리에 많은 관심을 나타낸다. 자기 나름대로 음악에 맞춰 발을 구르기도 하고 음악에 따라 움직이지만 박자에 맞추어서 움직이는 것은 아니다. 음악에 맞추어 창의적으로 신체표현을 하기 시작하며 놀이를 하면서 스스로 노래를 흥얼거리고, 반복되는 음과 리듬에 반응한다.

가정에서 자주 접하게 되는 짧고 리드미컬한 텔레비전 음악을 좋아하여 멀리에서도 음악을 듣기 위해 텔레비전 앞으로 다가온다. 2세 정도가 되면 자유스럽게 원하는 장소로 이동할 수 있게되면서 집안을 탐색하기 시작하는데 특히 주방에 있는 주방기구에 관심을 갖고 두드리며 다양한 방법으로 놀이를 한다. 이때 주방의 씽크대 서랍을 잠궈 놓기보다는 유아에게 위험한 물건만 유아의 손이 닿지 않는 곳에 옮겨놓고 주방기구를 마음대로 가지고 놀 수 있도록 허용하는 것도 고려해 볼만하다. 주방은 유아에게 아주 매력적인 음율영역으로 변할 것이다.

3) 2-3세

놀이를 하면서 자신의 경험을 토대로 즉흥적으로 소리나 노랫말을 바꿔가며 구절을 읽힌다. 실제 노래를 따라 부르거나 배울 때 D부터 A. G 사이의 음역이어야 편안하게 부를 수 있으며, 음 간격도 좁을수록 부르기 쉽고, 5-6도가 넘으면 유아들은 노래를 고쳐서 부른다(김혜경,2001). 음악에 맞춰 좀 더 자주 몸놀림을 하지만 몸놀림은 간단한 무릎 굽히기, 팔 흔들기 등의 1-2가지 동작이다. 단순한 노래의 음을 익히고 반복된 노랫말을 따라 부르기도 하지만 노래인지 말 노래인지 크게 구분은 가지 않는다. 리듬악기나 타악기에 대해 관심을 보이며 자주 두드려 보는 행동을 보이고 간단한 손유희도 가능하여 음악에 맞춰 표현하기 시작한다.

4) 3-4세

목소리를 좀더 잘 통제할 수 있고 음의 높낮이, 강도, 속도 등을 좀더 잘 변화시킨다. 단순한 노래들을 꽤 정확하게 부를 수 있고, 음악의 박자에 맞추어 좀 더 일관성 있는 몸 동작을 표현한다. 노래의 박자에 맞추어 박수를 칠 수 있으며, 크고 부드럽고 빠르고 느린 것의 개념을 형성하고 자기 목소리로 곡조를 만들기를 좋아한다. 언어적으로 질문과 말이 아주 많아지고 놀이 속에서 혼잣말이 많아지면서 매일 매일 다른 음악을 즉흥적으로 유아자신이 생각하고 있는 것, 보이는 것을 바탕으로 작사하고 작곡하여 부르게 되어 부모님들은 자신의 아이가 음악적 재능이 뛰어난 아이로 착각하기도 한다. 또한 수줍음의 정서적 감정이 아직은 미분화되어 가족 앞에서나 또래들 앞에서 노래나 동작 등을 잘 표현하기도 한다. 노랫말의 내용이 이야기를 구성하고 있는 곰 세 마리, 뚱보 아저씨와 같은 노래를 쉽게 이해하여 부르는 경향이 있다.

곰세마리

5) 4-5세

대부분의 리듬악기를 연주하며, 리듬의 패턴을 흉내낸다. 개념의 증가를 보여 높고 낮은 것, 길고 짧은 곡조, 음색에 있어서의 차이점 등을 깨닫게 된다. 놀이 속에서 혼잣말이 점점 줄어들고 좀더 넓은 음역으로 그리고 정확한 리듬과 높낮이로 노래를 부르기 시작하면서 노랫말을 만들어 스스로 노래 부르는 횟수가 점차 줄어들게 된다. 노랫말을 기억하여 부르려고 하며, 노랫말이나 악보, 음표 등이 음악과 관련되어 있다는 것은 이해하지만 정해진 노랫말이나 악보에 의하여 노래를 부른다는 것은5세 후반에 가서 조금씩 이해하게 된다. 실로폰과 같은 악기를 쳐보고 기억하여 부를 수도 있으며, 주제어를 바꾸어 주면 개사를 할 수도 있다. 특별히 좋아하는 음악이나 노래가 있게되며, 들었던 노래나 음악을 다른 장소에서 듣게 되었을 때 더 많은 관심을 보이기도 한다. 정해진 규칙에 의해 교사의 도움을 받아 악기연주도 가능하며, 박자와 리듬에 맞게 자신의 몸을 움직인다.

제 3 장

유아 음악교육의 내용과 지도방법

1. 유아 음악 교육의 내용

유아음악 교육의 내용은 시대에 따라 변화되어 왔으며, 학자나 교육과정에 따라 조금씩 다르게 정의되어 왔다. 과거의 유아 음악교육의 주된 내용은 악기 연주의 습득이나 노래 부르기 등과 같이 음악을 대상으로 하는 음악교육이었으나 현대에는 유아를 대상으로 하는 음악교육의 내용으로 바꾸어지고 있다. 즉 음악 전문가를 만들거나 연주가를 만드는 것이 목적이 아니라 음악을 통한 유아의 발달에 초점이 맞추어져 있다.

유아음악 교육의 내용을 성경희(1995)는 셈여림, 빠르기, 리듬, 음의 높낮이, 음색, 음의 짜임새, 형식, 그린버그(greenberg,1979)는 강약, 빠르기, 높낮이, 멜로디, 음색, 악구, 박자, 화성, 음악적 양식, 반복과 대비, 이숙희(1993)은 셈여림, 빠르기, 리듬, 음의 높낮이, 음색, 화음, 형식등과 같이 세부적이며 음악의 기본개념에 초점이 맞추어 정의하였으며, 전인옥 · 이숙희(2003)는 유아음악교육의 내용을 음악 듣고 감상하기, 노래부르기, 악기연주하기, 신체표현하기, 음악창작하기, 김혜경(2001)은 듣기, 노래부르기, 악기 다루기, 몸으로 표현하기, 안재신(1996)은 노래부르기, 악기 다루기, 듣기, 음악 만들기, 신체표현, 국악 등으로 표현함으로써 음악교육의 내용을 포괄적인 영역으로 정의하였다. 유아 음악교육 내용의 정의가 음악의 기본개념에 초점이 맞추어 있든지 포괄적인 영역으로 정의하였든지간에 그러한 음악교육의 내용이 현장에서 균형 있고 통합적으로 진행되기 위해서는 교사들의 유아음악교육의 내용에 대한 발달적 인식이 가장 중요하다 하겠다. 우리가 유아 음악교육의 내용을 알아보는 것은 음악교육의 내용을 구분하고자 하는 것이 아니라 음악교육의 내용을 충분히 인식하여 통합하고자 하는데 목적이 있음을 알아야 한다. 즉 대표적인 음악교육의 내용인 음악감상하기, 노래 부르기, 악기 다루기, 동작으로 표현하기가 별개의 활동으로 접근해서는 안되며 이 네 영역이 하나의 음악활동에서 통합적으로 이루어져야 한다는 것이다.

일반적으로 음악교육의 내용을 음악감상, 노래부르기, 악기다루기, 동작으로 표현하기로 정의하며 본 교재에서는 동작으로 표현하기가 다른 교과(유아동작활동, 유아신체활동)와 중복되어 생략한다.

1) 음악감상

음악활동 중에서 음악을 듣는 활동은 우리가 음악을 배울 때 가장 먼저 하는 활동인 동시에 가장 기초적인 활동이다. 음악감상의 목적은 소리에 대한 인지, 구별, 감수성을 발휘하는데 있다. 음악을 집중하여 듣는 능력과 전체를 구성하고 있는 각각의 요소를 탐구하는 방법은 모든 음악활동에 있어서 절대적으로 필요한 기초적인 음악활동이다. 음악은 듣는 것에서부터 출발하기 때문에 음악이 있는 곳에서는 듣기가 항상 우선적이고 지속적으로 행해져야한다. 음악교육에 있어서도 음악이 흥미 또는 본질적 동기가 듣기로부터 시작되므로 듣기는 음악교육 전체의 추진력 또는 기초라고 할 수 있다. 듣기는 악기 다루기에서도 중요시되고 음악 만들기의 소재에서도 기본이 되며 노래부르기에서도 중요하다. 들을 줄 모르면 노래할 수 없고 들을 줄 모르면 새로운 소리를 찾을 수도 없다(이정화, 2003).

유아를 둘러싼 음악적 환경은 어린 시절부터 유아에게 많은 음악을 듣게 한다. 집, 차안, 컴퓨터, 길거리, 유아교육 기관 등에서 들었던 다양한 음악적 경험을 토대로 그 들 나름대로 좋아하는 음악과 싫어하는 음악을 선별하게 된다.

반복해서 들은 음악을 좋아하고 권위 있는 인물이 음악적 기호를 형성하는 경향이 있으므로 유아교육기관에서는 교사와 함께 적절한 감상하기 계획을 세우고 유아들이 음악적 기호를 개발하도록 도와 주어야한다(김혜경,2001).

음악감상은 직접감상과 간접감상이 있는데 직접감상은 음악감상 위주로 구성된 수업행위를 말하며 간접감상이란 놀이 시간이나 작업시간, 휴식시간, 간식시간 등에 간접적으로 또는 배경음악으로 들려주는 감상을 말한다.

유아를 위한 음악 감상 곡의 선택은 유아가 다양한 장르의 음악을 경험할 수 있도록 잘 배려해야 한다. 흔히 유아를 위한 감상 곡으로 고전음악을 주로 선택한 경향이 있는데 이것은 유아기에 음악적 편식을 제공하는 것과 마찬가지이다. 어떤 노래를 젊은 사람들 또는 나이든 사람들의 노래라고 규정하는 것은 그 음악에 대한 어른들의 경험이 없어 낯 설은 감정 때문에 느끼는 것 일 뿐이다. 어렸을 때부터 클래식 음악과 함께 대중가요, 광고음악, 영화음악, 민속음악, 재즈, 락, 힙 팝, 탱고 등 다양한 음악적 경험이 있을 때 그 장르에 대해 낯 설음이 없게된다.

음악감상곡을 선정할때는 다음과 같은 점을 주의하여 선정하여야 한다.

첫째, 음악을 선정한 뒤 음악의 클라이막스 부분을 중심으로 5분 내외의 길이로 녹음하여 감상하는 것이 바람직하다.

둘째, 곡의 선정시 교사의 취향에 따라 편중되지 않도록 하며 교사는 음악을 충분히 들어보고 이해하고 있어야 한다.

셋째, 음악감상을 성인이 하는 것처럼 눈을 감아야 하고 조용했을 때 잘 할 수 있다는 생각을 바꾸어 다양한 재료와 도구를 활용하고 신체활동을 수반하여 활동적으로 음악을 감상할 수 있도록 해야한다.

넷째, 클래식음악을 선정할 때는 음악의 배경 이야기가 있어 음악의 내용을 재미있게 이해할 수 있는 백조의 호수, 마왕, 피터와 늑대, 전람회의 그림 등과 같은 곡들이 내용을 상상하고 극화할 수 있어 쉽게 음악 속으로 빠져들게 된다.

다섯째, 대중가요, 광고음악, 영화음악, 재즈, 락, 힙 팝, 탱고와 같은 음악을 감상활동으로 활용하기 위해서는 노랫말이 대부분 외국어나 성인 위주로 되어있기 때문에 노랫말에 치중하지 말고 음악적 특성이나 느낌에 초점을 맞추어 다양한 음악을 접하게 해야하며, 교육적인 부분을 잘 고려해야 한다.

각 장르별 음악을 선택할 때 고려할 점은 다음과 같다.

□ 동요 : 동요를 선정할 때는 동요와 함께 도구를 활용하여 표현하기에 쉬운 곡을 선정한다.

□ 고전음악 : 경쾌하면서 빠른 음악을 위주로 선택하되 조용한 음악을 선정할

때는 빠른 음악과 함께 선정하는 것이 바람직하다. 백조의 호수, 마왕, 피터와 늑대와 같은 이야기가 있는 곡이나 비창, 아침, 엘리제를 위하여 등과 같은 표제음악이나 표현하려는 것을 사실대로 표현한 강아지 월츠, 왕벌의 비행과 같은 묘사음악을 선택하면 활동으로 연결시키기가 용이하다.

유아가 감상하기에 적합한 고전음악은 다음과 같다(김명순 외, 1998).

- 하이든 – 장난감 교향곡, 놀람 교향곡, 시계교향곡
- 모차르트 – 터키 행진곡, 세레나데 제 31번〈아이네 클라이네 나흐트 무지크〉 제 2 장, 교향곡 제 40번 G 단조 K.550 1악장
- 베토벤 – 피아노 소나타 제 8법 C단조, op 13(비창) 제 2악장, 교향곡 제 5번(운명) 제 1악장, 월광소나타
- 슈베르트 – 군대 행진곡, 피아노 5중주 A 장조 D. 667(숭어) 제 4악장
- 브람스– 헝가리무곡, 대학 축전 서곡
- 드보르자크– 유모레스크
- 요한스트라우스 – 푸른 다뉴브강, 빈 숲 속의 이야기, 봄의 소리
- 바그너 – 오페라〈로엔그린〉중 결혼행진곡
- 생상스 – 〈동물의 사육제〉
- 포레 – 파반느op.50
- 벤자민 브리튼 – 퍼셀주제에 의한 변주곡과 푸가
- 비제– 아를르의 여인 제2 모음곡, 카르멘 제1 모음곡
- 무소르크스크 – 전람회의 그림
- 샤브리에 – 스페인 (광시곡)
- 코플란드 – 로데오(발레)
- 그리그 – 페르귄트 조곡
- 훔퍼딩크 – 헨젤과 그레텔
- 쇼스타코비치 – 황금시대(폴카)

- 차이코프스키 – 호두까지 인형 조곡, 현을 위한 세레나데 C 장조 2악장(월츠), 파노 라마(잠자는 숲속의 미녀 중)
- 비발디 – 사계
- 바하 – G 선상의 아리아
- 헨델 – 대장장이의 장단
- 드뷔시 – 코끼리의 자장가
- 쇼팽 – 강아지 월츠
- 요나슨 – 뻐꾹 월츠

□ 오페라 · 성악곡 : 오페라 음악은 대화를 노래로 전달하는 것이므로 대부분 이야기를 구성하고 있어 이야기의 내용에 따라 다양한 소품과 활동으로 연결할 수 있으며, 성악곡은 남자, 여자, 소년 등의 다양한 소리를 구별하여 들을 수 있는 곡을 선택한다. 유아에게 적당한 성악곡으로는 토스티의 기도, 세레나데, 슈베르트의 자장가, 숭어, 아베마리아, 마왕, 들장미, 브람스의 자장가, 모차르트의 자장가, 멘델스존의 노래의 날개 위에, 헨델의 메시아 중 할렐루야 등이 있다.

□ 대중가요 : 자연스런 상황에서 유아들에게 가장 익숙한 음악이 대중가요이다. 대중가요를 선택할 때 가장 주의할 점은 노랫말이며 노랫말의 내용이 교육적이면서 재미가 있어야 한다. 유아에게 적합한 대중가요는 아주 옛날에는, 산도깨비, 네모의 꿈, 봄 등이 있다.

□ 광고음악 : 광고음악은 반복성이 강하면서 가장 짧은 시간에 사람들의 관심을 갖기 위한 것이 목적이므로 유아들이 쉽게 부르고 관심을 갖게된다.

□ 영화음악 : 유아를 대상으로 하는 만화영화음악이나 성인을 대상으로하는 영

화음악은 음악과 함께 영화의 장면을 쉽게 떠오르는 장점을 가지고 있어 감상활동으로 쉽게 받아들일 수 있다.

□ 락음악 : 다양한 방법으로 노래를 부른다는 것에 초점을 맞추어 소개하며 너무 빠른 락음악은 유아가 흉내낼 수 없으므로 느린 락음악을 선택하여도 소리를 크게 해야 되기때문 그 자체로 흥미를 갖는다.

□ 재즈음악 : 유아의 움직임과 매우 잘 어울리는 장르로 유아가 쉽게 따라할 수 있지만 생소한 음악일 경우 흥미를 잃어버릴 수 있으므로 다른 장르에서 많이 들어본 음악 중에서 재즈로 연주되는 음악을 선정할 때 흥미가 지속될 수 있다.

□ 민속음악 : 각 나라의 민속음악은 고유의 의상이나 악기와 함께 소개될 수 있고 그 나라의 풍습이나 특유의 동작을 동반하여 각 나라의 민속적 특성을 쉽게 이해할 수 있게 해 준다.

유아가 감상하기에 적합한 민속음악은 다음과 같다(김명순 외 1998).

• 우리 민요 및 전래동요 – 아리랑, 새타령, 강강수월래, 정선아리랑, 박연폭포, 두껍아 두껍아, 꼬마야 꼬마야, 여우야 여우야 등
• 다른 나라의 민요 – 독일 : 노래는 즐겁다. 소나무, 이몸이 새라면
프랑스 : 동네 한 바퀴, 작은 별
이탈리아 : 산타루치아, 터리톰바
스위스 : 오브리넬리, 아름다운 베르네
영국 : 등대지기
아일랜드 : 아 목동아
멕시코 : 라쿠카라차

□ 행사 음악 : 행사 음악은 유아가 기억하기 좋으며 흥미를 돋구는 음악이라고 할 수 있다. 처음 음악 감상을 하게 될 때 이러한 행사 음악이나 광고음악을 활용하면 집중도를 높일 수 있다.

2) 노래부르기

음악교육에 있어서 조기교육을 강조한 코다이는 여러 음악 활동 중에서 노래부르기를 강조하였다. 목소리는 모든 사람에게 주어진 자연적인 악기이며 조기 음악 지도에 있어서 '함께 노래 부르기'는 악기 연주보다 더 효과적이라고 하였으며, 노래부르기는 음악적 표현의 수단일 뿐만 아니라 인간의 감정적, 지적 발달을 촉진시킨다고 보고 목소리를 음악지도에 최대한 활용하였다(안재신, 1999). 이처럼 노래부르기는 유아 음악교육의 음악 활동으로서 빼놓을 수 없는 부분임을 알 수 있다.

유아의 노래 부르기 활동을 계획하는데 있어서 유의해야 할 점은 음역, 가사 내용, 박자, 음정 등이 유아에게 알맞은 곡을 선정해야 하며 멜로디나 리듬변화에 있어서 복잡하지 않고 단순한 곡이어야 한다. 그리고 가사보다는 멜로디가 우선되어야 하며 빠르고 리드미컬한 음악을 선호한다.

유아에게 노래부르기를 지도할 때는 유아가 가장 편안한 음역으로 노래할 수 있는 곡을 선정해야 한다. 4-5세 유아들은 D-A까지의 음역에서 노래를 쉽게 따라 부를 수 있으며, 4-7세 유아는 낮은 음에서 높은 음으로 올라가는 노래보다는 높은 음에서 낮은 음으로 내려가는 노래를 더 쉽게 부른다(김성균, 1990).

유아의 노래에 나오는 박자로는 2/4, 4/4, 3/4, 6/8박자 등이 있으나 2/4, 4/4박자의 곡이 제일 많다(김성실, 1999). 이것은 2/4, 4/4박자가 다른 박자에 비해 리듬이 안정되고 걸음걸이와 일치하기 때문이다.

유아가 음정에 대하여 인식하고 정확하게 표현하는 시기는 4세 반-5세 경이다(김영연, 1995). 유아의 노래 부르기는 발성이나 리듬 및 음정들의 표현에서 아직 정확하지 못하므로 많은 노래를 반복하게 함으로서 음정감, 리듬감등을 발달시켜 주어야 한다. 영아들은 일주일에 1곡 정도, 유아들은 1,2곡 정도가 적당하며, 노래 시간의 길이는 5-15분 정도가 적당하다. 일반적으로 유아가 쉽게 노래 부를 수 있는 음정은 2도-4도 정도이며 6도 까지도 허용하나 7도, 8도는 피하는 것이 좋다. 이런 점들을 유의하여 유아에게 알맞은 곡을 선정하였을 때 유아는 편안하고, 쉽게 노래를 부를 수 있게된다.

유아를 위한 노래지도시 유의해야 할 점은 다음과 같다.

첫째, 자연스런 목소리로 노래하게 한다. 유아에게 있어서 '자연스런 목소리'란 힘이 들지 않는 부드럽고 무리가 없는 소리를 말하는데, 특히 유아기는 성대보호의 시기로 부드럽게 목에 힘이 가지 않는 소리로 부르는 것이 중요하다. 큰 소리로 악을 쓰며 노래하지 않도록 하고 밝고 활기 있는 목소리로 노래하게 한다. 악을 쓰는 목소리는 자연스런 목소리도 아니고, 노래하는 목소리도 아니므로 이러한 목소리는 유아기 때 바로 잡아주어야 한다. 자연스런 목소리로 노래하게 한다고 해서 약하고 맥이 빠진 목소리로 노래하게 한다는 것이 아니다. 악을 쓰듯 노래하는 목소리와 밝고 활기있는 목소리는 질적으로 다르다(김영연, 1995).

둘째, 정확한 가사로 노래하게 한다. 가사 표현을 바르게 하도록 지도하는 것은 올바른 발음을 하도록 지도하는 것인데, 이는 단순히 가창 지도상의 내용일 뿐만 아니라 유아의 모든 생활에 있어서 말하기의 지도에 해당된다. 그렇게 하기 위해서는 가사 속에 있는 발음 하나 하나를 선율 없이 천천히 익히도록 하며, 교사의 입을 잘 보고 부를 수 있도록 지도한다(박성은, 1983).

노래부르기는 직접적인 방법과 간접적인 방법이 있는데 직접방법은 새 노래 부르기 위주로 구성된 수업행위를 말하며 간접적인 방법은 놀이 시간이나 작업시간, 휴식시간, 간식시간 등에 간접적으로 들려주어 자연스럽게 노래를 익히고 부를 수 있도록 하게 하는 것이다.

새로운 노래를 가르치는 방법은 다양하다. 교사의 지시에 따라 한 소절씩 따라 부르기도 하고, 피아노 반주에 맞추어 노랫말이 나타내는 내용을 손유희나 신체활동 등으로 표현하기도 하면서 노래를 배운다.

새 노래 지도과정의 다양한 방법은 다음과 같다.

첫째, 노래에 대한 동기유발을 다양한 방법으로 시도한다. 즉 노랫말과 관련된 그림책 들려주기, 유아의 사전경험 이야기하기, 수수께끼로 제목 알아 맞추기, 노랫말에 관련된 힌트 등을 통하여 동기유발을 시도한다.

둘째, 유아들이 보기 쉬운 크기와 모양으로 노랫말을 게시한다. 노랫말을 교사가 정확한 발음으로 천천히 읽어주며 유아들이 모르는 단어가 있는지 질문하고 노랫말이 무슨 내용인지 이야기 해보게 한다.

셋째, 유아들이 노랫말을 쉽게 이해하고 글을 모르는 유아도 따라 부를 수 있도록 노랫말을 신호나 그림, 사진등으로 쉽게 이해하도록 도움을 준다.

넷째, 교사가 노래 전체를 들려주고 노래에 대한 느낌이나 생각 등을 이야기하게 한 다음, 부분적으로 교사가 부르면서 따라하게 할 수도 있다. 반복적으로 노래를 들려주기 위해 교사가 매번 부르는 것이 힘들므로 원곡을 교수방법에 맞게 녹음을 하여 음악 테이프를 다시 듣기 위해 되돌리는 경우가 없도록 해야 한다.

다섯째, 유아들이 노래의 음정을 자꾸 다르게 부를 경우, 피아노나 피리, 하모니카 등으로 멜로디만 들려주어 익숙하게 한다. 피아노를 사용할 경우 지나치게 기교적인 반주법은 유아가 음정을 익히는데 방해가 된다.

여섯째, 음정이 어느 정도 익숙해지면 허밍이나 콧노래로 불러보기도 하며 한 소절씩 교사와 유아가 나누어가면서 부를 수도 있다.

일곱째, 유아가 혼자서 노래를 완전히 부를 수 있게 하기 위해서는 3-5 번 정도는 듣고 불러야 어느 정도 가능해 지므로 첫 시간부터 완전하게 익히게 하기 위해 음악시간을 너무 길게 하지 않도록 하며 반복해서 부를 때는 유아들이 싫증내지 않도록 다양한 방법 즉 허밍, 교사가 부르고 유아는 입만 벌리고, 악기연주, 한 소절씩 교대로 부르기, 목소리 바꾸어 부르기, 전이활동시간에 부르기 등과 같은 방법 등으로 불러본다.

하얀나라
나는 눈이 좋아서
온 세상이 모두
하얀 나라였지
어제밤 꿈속에
눈싸움 했죠
커다란 눈사람도
만들었죠
나는 눈이 좋아서 꿈에
눈이 오나 봐
온 세상이 모두
하얀 나라였지
어제밤 꿈속에

여덟째, 유아들 앞에서 노래를 부르게 한다. 되도록 많은 유아들에게 앞에 나와서 노래 부르는 경험을 주기 위해 2-3명씩 짝을 지어 부르게 하며 되도록 빠진 유아들이 없도록 모두 참여하게 한다. 한 명씩 나와 부르는 것 보다 소극적인 유아나 노래에 자신이 없는 유아들에게는 더욱 긍정적인 경험이 된다.

아홉째, 음악 및 노랫말에 적당한 율동 및 신체표현을 유아들의 생각을 모아 표현한다. 재미있고 흥미롭고 창의적으로 표현하기 위해 교사는 사전에 필요한 신체표현 도구나 악기등을 준비한다.

열 번째, 노래 배우기에 필요한 노랫말 게시판, 노래 테이프, 신체표현 도구, 노랫말 설명, 그림 등을 음악영역에 제시하여 표현해보도록 한다.

열 한 번째, 가르칠 노래를 녹음하여 휴식 시간이나 간식 시간 혹은 놀이 시간에 미리 들려주면 귀에 익숙해져 실제 노래를 가르칠 때 더 빨리 배우게 된다(이영자, 이기숙, 1987)

열 두 번째, 음악적 요소들을 개념화 할 수 있도록 크게, 작게, 빠르게, 느리게 등의 음악적 요소들를 넣어 불러본다.

열 세 번째, 자신의 목소리를 들을 기회를 주기 위해서 유아들이 부르는 노래나 찬트등을 녹음해서 들려준다. 다같이 노래 부를 때 컵을 한 쪽 귀에 대고 자신의 노래 소리를 들어보게 해도 도움이 된다(김진영 외, 2001).

한 곡의 노래를 배우기 위해 모든 노래에 위와 같은 방법을 다 사용할 수 는 없으므로 노래나 유아의 특성에 따라 적합한 방법을 선택해서 적용해야 한다.

3) 악기다루기

유아들에게 있어 악기 연주는 상상력, 표현력, 창작력을 기를 수 있기 때문에 음악적 능력 발달에 매우 중요한 역할을 한다(구희영, 2000). 유아들에게 악기 사용은 손가락을 단련시킬 뿐만 아니라 손가락의 많은 움직임과 활동을 통하여 유아들의 뇌 활동을 촉진시켜 주므로 상상력, 표현력, 창의력을 길러주는데 많은 도움이 되며, 조기에 이루 워 질수록 많은 영향을 미칠 수 있다. 특히 악기를 통한 유아의 음악 체험과 활동은 음악적 능력 개발의 기본 수단의 하나이며 모든 연령의 유아들에게 관심과 흥미의 대상이 된다.

유아의 악기 다루기 활동은 리듬악기나 관현악기를 사용하기 전에 집안에서 흔히 접할 수 있는 학용품, 생활용품, 식품, 용기를 사용하는 것이 좋다(임선영, 1994). 유아의 악기 사용은 자유로운 악기 소리 탐색, 즉흥연주, 주변의 여러 가지 물건 연주하기, 집에서 악기 만들어 연주하기 등을 통하여 창의적 자기 표현의 기회를 제공하는 것이 중요하다. 유아들은 태어나면서부터 여러 소리의 음색에 관심을 가지고 있으므로 될수록 다양한 음색을 가진 악기를 실험, 탐색해 볼 수 있는 기회를 많이 제공해 주어야 한다.

그러나 송윤나(2001)의 연구에 의하면 유치원 음악활동에서 사용한 악기는 피아노와 키보드를 통한 활동이 전체 악기 중 83.3%를 차지하고 있는 것으로 나타났으며, 그 외에 사용하고 있는 악기도 탬버린, 멜로디언, 장구, 등에 한정된 소수의 악기로 음악활동이 이루 워 지고 있음을 알 수 있다. 또한 김기원(1999) 의 연구에서도 피아노와 키보드를 통한 활동이 전체 악기 중 80%를 차지하고 있는 것으로 나타났다. 유치원에서의 피아노 위주의 악기활동은 유아에게 음악악기에 관한 편협된 생각을 가지게 할 수 있으며, 미국과 같은 선진국의 경우에는 즐기는 대상으로써 즐겁게 피아노를 먼저 배우게 되나 우리나라에서는 기술적이며 기교적인 면을 지나치게 강조하여 배우기 때문에 즐겁고 아름답게 느끼기 이전에 딱딱하고 어렵게 느끼게 되는 현상을 초래하고 있다. 이러한 원인은 유아에게 다양하게 탐색할 악기의 종류가 매우 제한되어 있다는 것도 또 하나의 원인이 될 수 있다. 우리나라에 시중에 나와 있는 유아를 위한 교재교구 책자에 포함된 교재교구의 영역은 언어, 수, 과학, 상상, 블록놀이에 거의 치중되어 있으며, 음률악기는 거의 전무한 상태에 있다는 것을 알 수 있으며(이민경, 2001), 시중에 시판되는 음률악기 역시 값이 비싸며 종류가 한정되어 있어 더욱더 유아의 다양한 음률악기 경험에 지장을 초래하고 있는 실정이다.

악기 다루기는 음악 활동의 기본 수단이며, 모든 연령의 유아들이 즐기는 활동이다. 여러 종류의 악기를 사용하기 전에 각 개별 악기의 소리나 모양을 조사하고 탐구해 볼 수 있도록 하며, 생활 속에서 악기를 사용할 수 있는 기회를 주어야 한다.

유아들이 사용하는 악기는 주로 리듬 악기와 타악기 종류가 바람직하다(김명순 외, 1998). 초기에는 간단한 리듬 악기를 제공하고 점차 리듬을 만들거나 리듬악기 노래를 연주할 수 있게 한다.

바가지, 플라스틱 물통, 항아리, 꽃병, 쟁반, 프라이팬, 냄비, 주전자, 수저통, 열쇠 꾸러미, 밥그릇, 곡식, 빨래판, 분쇄 강판 등 헤아릴 수 없이 많은 일상용품들이 유아를 위한 악기로 사용될 수 있다. 유아교육기관의 음률영역에 비치된 악기들은 거의 탬버린, 캐스터내츠, 트라이앵글과 같은 문방구에서 쉽게 구입하는 악기들로 채워져 있으며(김기온 1999; 송윤나, 2001), 유아교육 기관의 환경구성에 있어서 심지어 음율 영역이 없는 곳도 있다. 이러한 원인은 시중에서 판매되고 있는 악기들의 종류가 아주 제한되어 있으며, 가격이 비싸 흔히 접할 수 있는 탬버린, 캐스터네츠, 트라이앵글, 심벌즈, 북, 피아노 같은 악기조차 충분히 제공하지 못하고 있기 때문이다. 한정된 악기를 통한 악기 활동은 유아들에게 다양한 악기의 탐색이나 경험의 기회를 축소하게 한다. 송윤나(2001)는 유아교육 현장에서 악기 놀이 지도가 노래 부르기나 음악 감상 지도보다 적은 이유를 악기의 구비의 부족으로 보았다.

악기 다루기는 유아의 음악적 발달 뿐 아니라 악기를 쥐고 때리는 통제력과 속도감 있게 양손을 다르게 움직이는 등의 동작 발달과 깊은 관련이 있으므로 유아에게 제공되는 악기가 효율적인 음악활동이 되기 위해서는 발달에 기초한 사용 가능한 악기를 분류 할 수 있어야 한다.

Campbell과 Scott(1995)는 유아의 악기 탐색과 다루기 발달을 연령별로 기술하였다.(김명순 외, 1998, 재인용)

2세 경에는 흔들기, 끄덕이기 쥐기가 가능하므로 종과 같은 악기로 흔들기가 가능하며, 2-3세 경에는 짧은 시간 동안 규칙적인 리듬감이 가능하여 북을 손이나 막대기로 두드리는 것이 가능해 진다. 3-4세 경에는 긴 시간 동안 규칙적인 리듬감이 증가하고 박자에 대한 민감성이 생겨 리듬 있게 흔들기가 가능하므로 나무 벽돌, 탬버린, 기로, 마라카스, 징, 방울 같은 악기를 이용하여 두드리기, 문지르기, 치기, 흔들기 등이 가능해 진다. 5-6세에 이르면 박자를 유지할 수 있고, 손의 교체가 가능하며, 초보적인 눈과 손의 협응이 가능하므로 손가락 심벌즈를 서로 부딪히기, 봉고를 양손으로 치기, 트라이앵글을 자루로 치기, 키보드를 한 손으로 치기 등의 활동이 가능하게 된다.

유아들은 소리를 내는 어떤 악기나 도구를 막론하고 매우 흥미 있어 한다. 자주 소리내는 도구를 사용하여 자발적으로 소리와 리듬을 탐색하고, 이로 인해 여러 악기의 음색을 경험하도록 하며, 또한 다양한 시도를 통해 악기 다루는 방법을 자연스럽게 익힐 수 있도록 해야한다. 유아들에게 다양한 악기를 손쉽게 제공하기 위해서 일상생활 용품을 이용하여 만든 다양한 악기를 비치하여 쉽게 사용할 수 있도록 하며, 악기란 직접 눈으로 보고 만지고 소리를 내어 봄으로서 그 악기의 모양과 연주법 및 독특한 악기 소리를 직접 연관시키므로, 유아와 교사가 함께 만들 경우 유아는 소리가 어떻게 나며 어떻게 만들어지는지를 이해할 수 있어 더욱 바람직한 악기 활동으로 이끌 수 있을 것이다.

작은북, 큰북

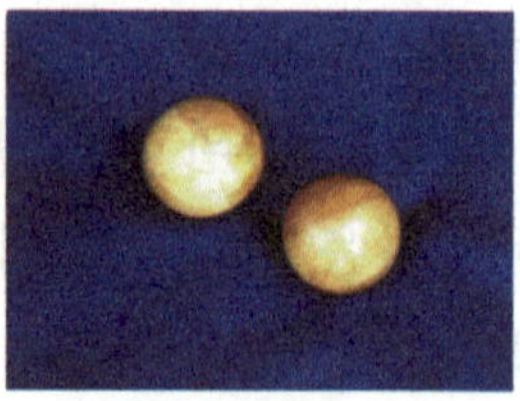
에그 쉐이크

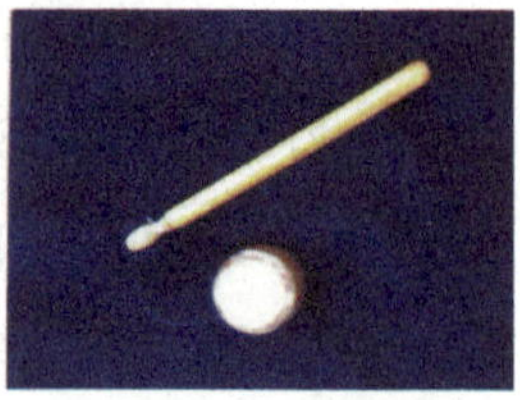
개구리 소리

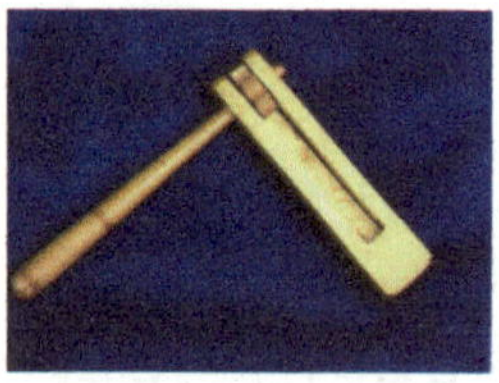
딱따구리 소리

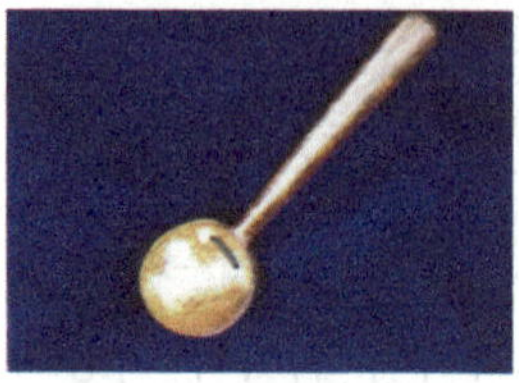
막대 캐스터네츠

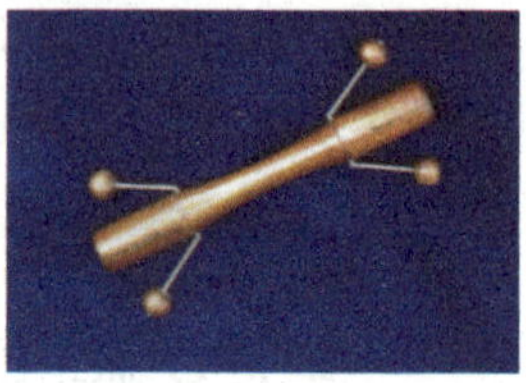
스프링 캐스터네츠

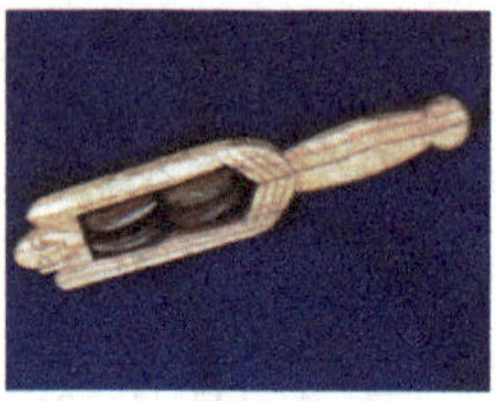
코코넛 탬버린

씨앗 마라카스

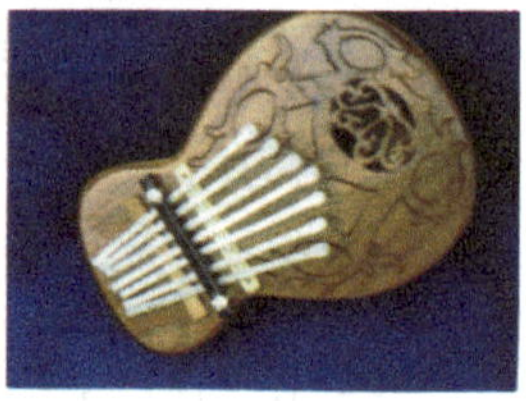
핸드 하프

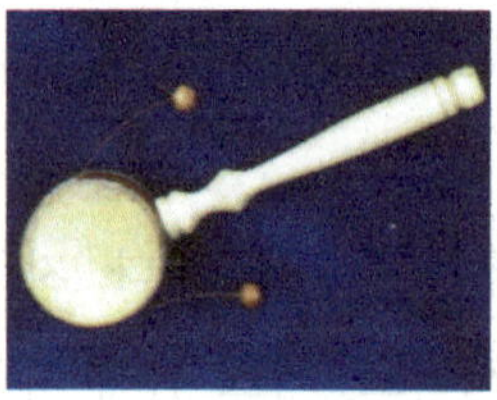
방울 북

밤벨 실로폰

밤벨

출처 〈밤벨 음악 연구원〉, 밤벨과 타악기

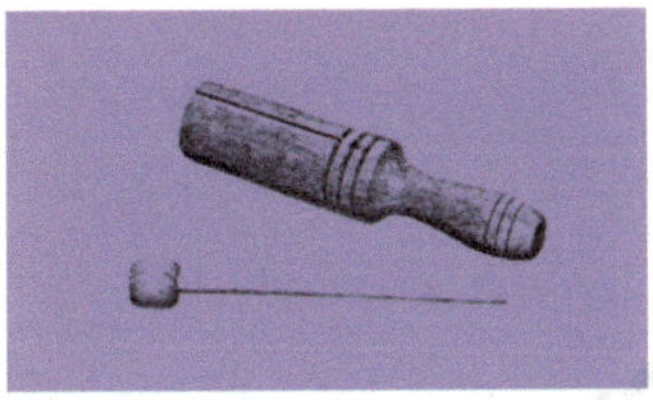
톤 블록

귀로

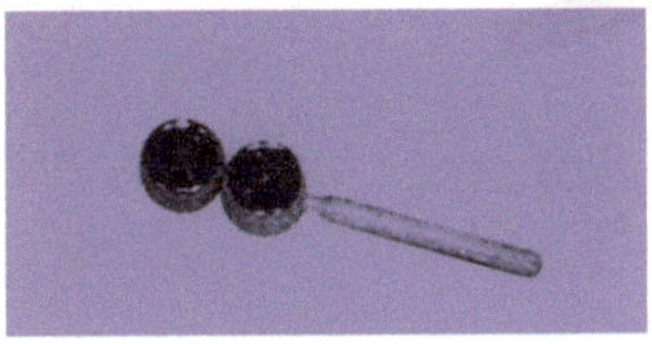
막대 탬버린

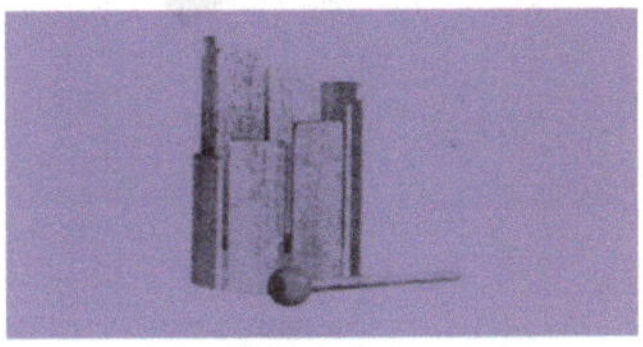
돌림 실로폰

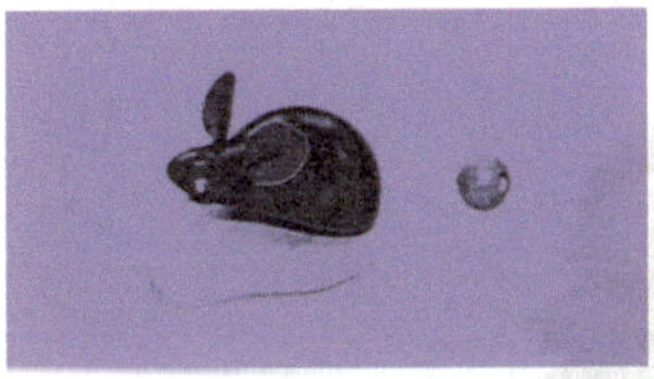
캐스터넷츠

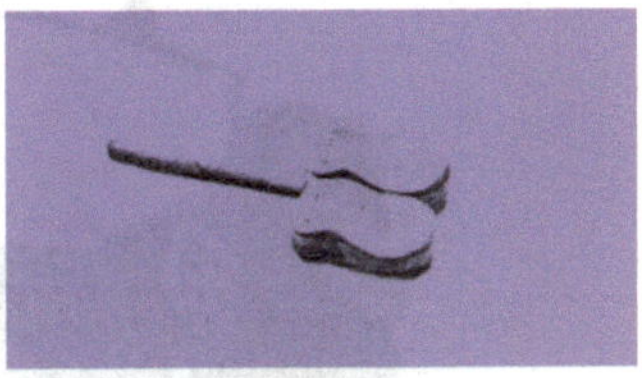
더블캐스터넷츠

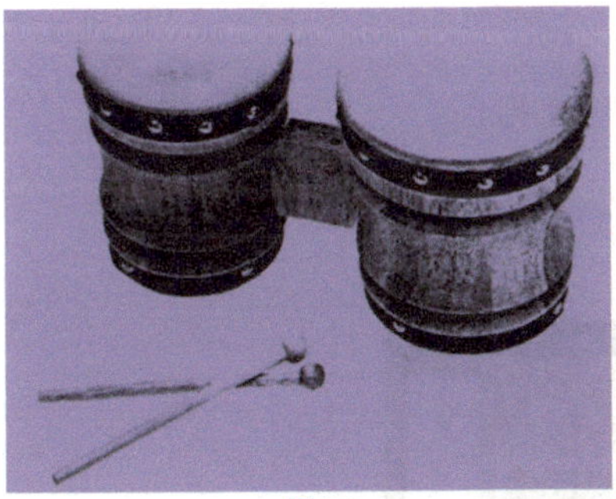
봉고

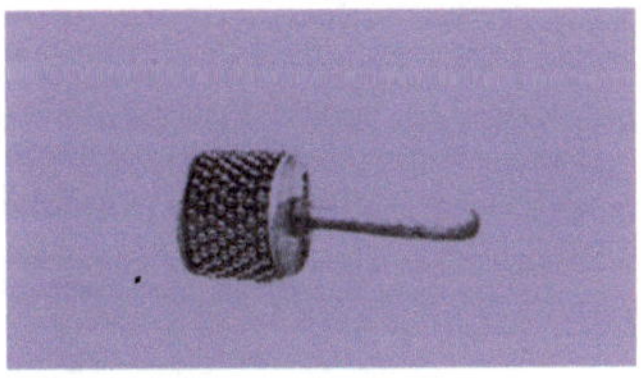
카바사

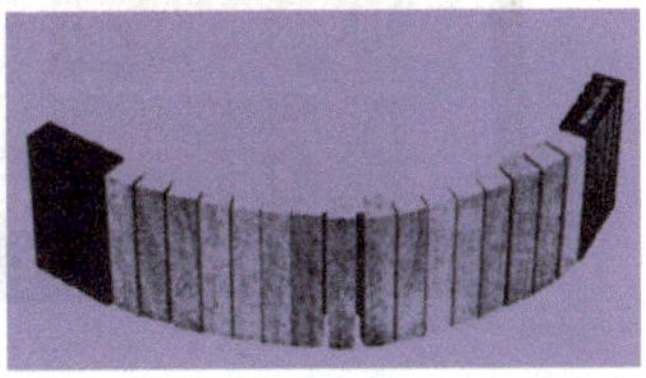
코리리코

출처 〈한국 어린이 육영회〉

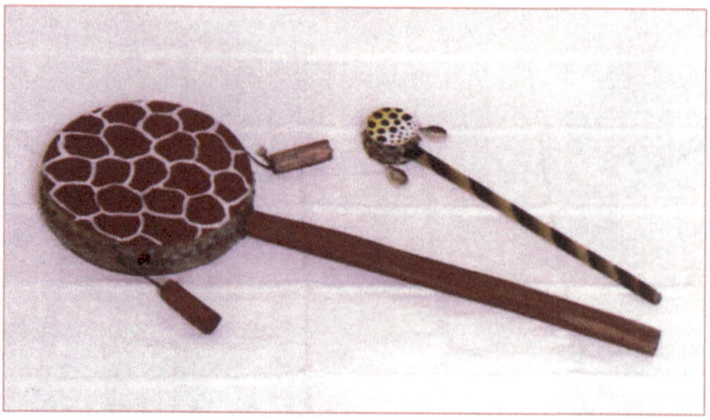

방울북 (좌우로 손목을 돌리며 소리를 냄)

씨앗 마라카스(손목, 발목에 차고 소리를 냄)

깨나(양쪽 손잡이를 잡고 좌우로 흔들어 소리를 냄)

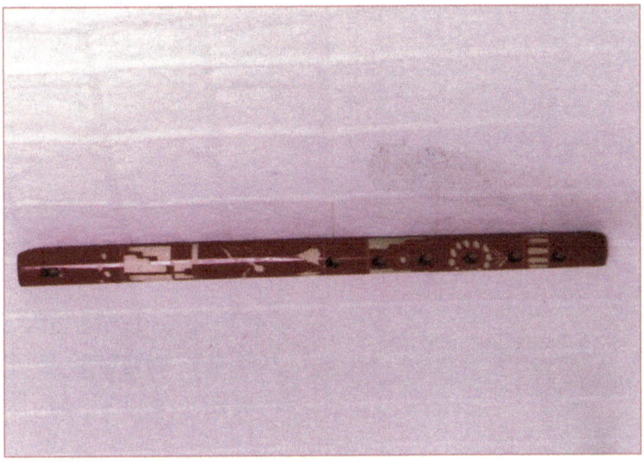

카얌바(입으로 불어 소리를 냄)

목탁

표주박 마라카스

비소리 마라카스(선인장 줄기 안에 작은 알갱이를 넣어 좌우로 흔들어 소리를 냄)

계량컵을 이용한 악기(두드려서 컵의 크기에 따른 소리의 차이를 구별)

페트병을 이용한 악기(곡식의 종류에 따른 소리의 차이를 구별)

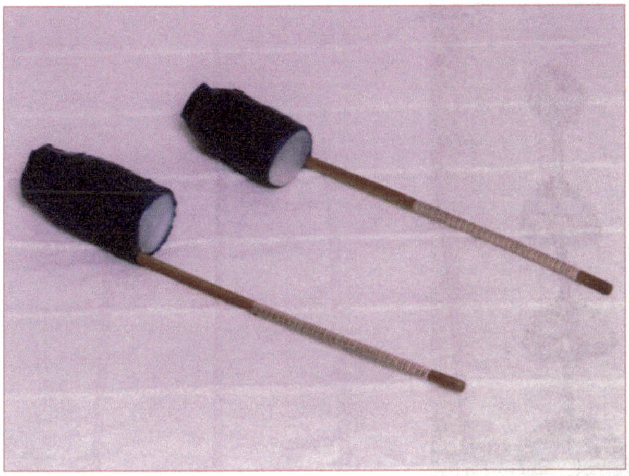

요쿠르트와 나무젓가락을 이용한 악기(양 손에 쥐고 흔들어 소리를 냄)

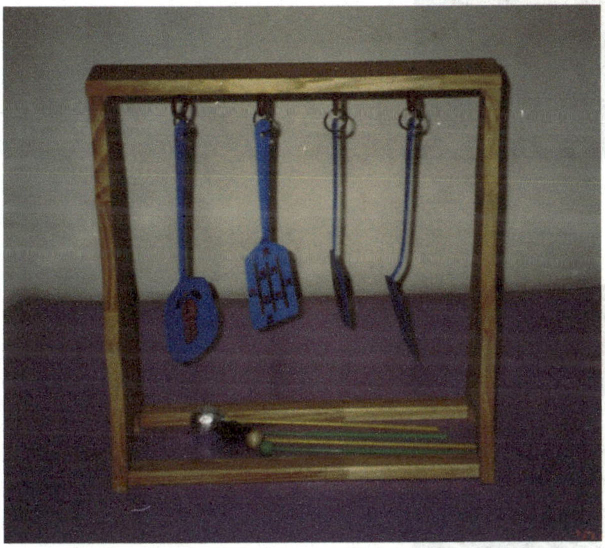

주방기구를 활용한 악기

스탠레스 그릇을 이용한 악기
(그릇의 크기와 두드리는 부위
에 따른 소리의 차이 구별)

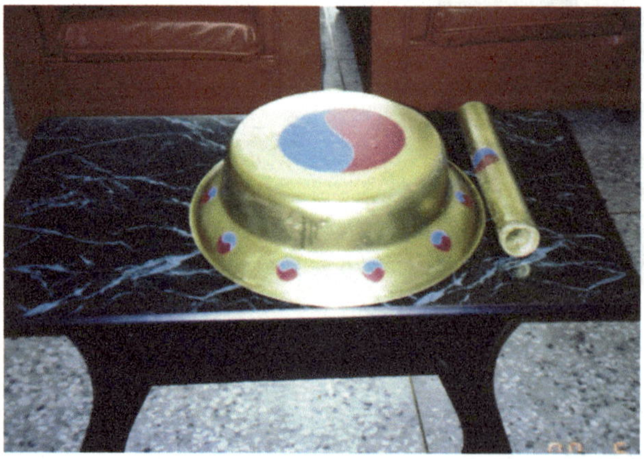

스탠레스 대야를 이용한 악기
(징, 북과 같은 큰 소리를 냄)

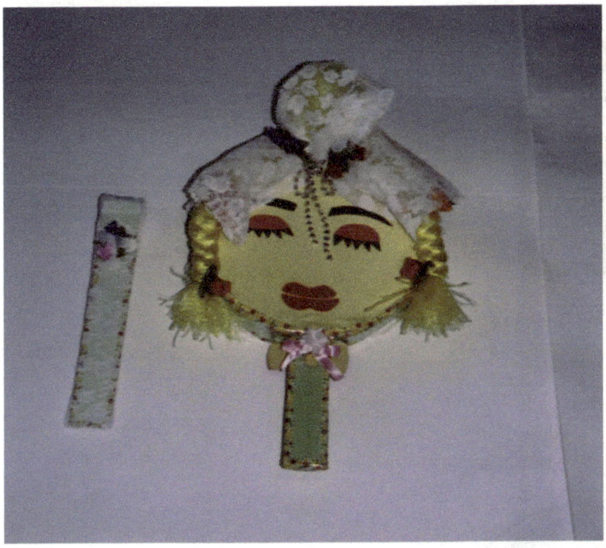

부채를 활용한 악기

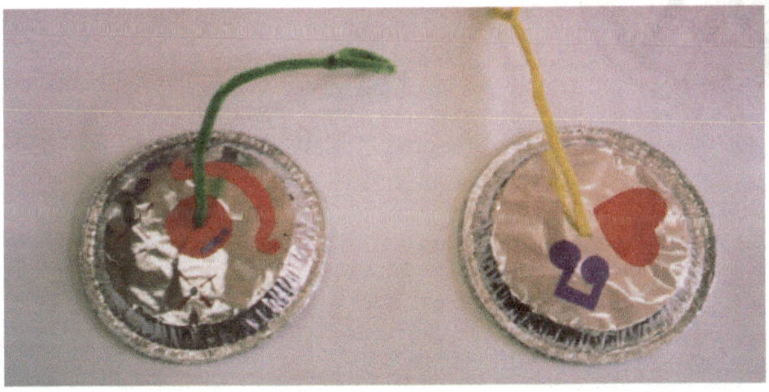

은박접시를 이용한 악기
(손잡이를 잡고 두드려 소리를 냄)

은박접시를 이용한 악기
(징을 두르리는 것처럼 두드려
소리를 냄)

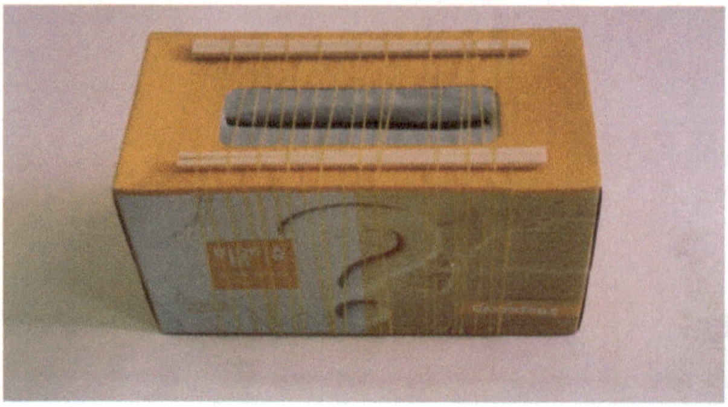

화장지 상자를 이용한 악기
(고무줄은 잡아 당겨 기타와 같은 소리를 냄)

냄비 뚜껑을 이용한 악기
(심벌즈처럼 맞대어 소리를 냄)

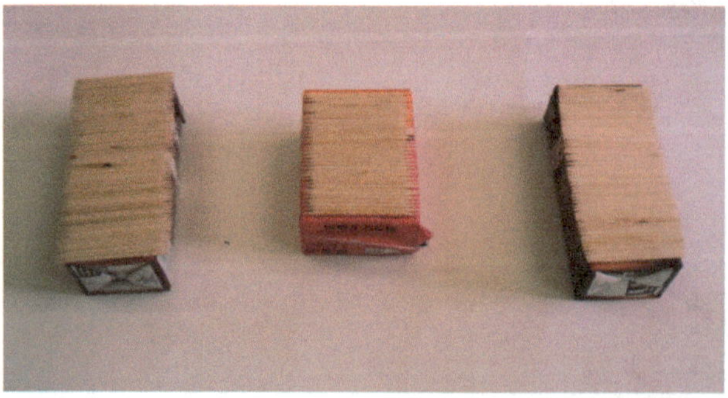

우유팩과 이쑤개를 이용한 악기
(귀로처럼 긁어 소리를 냄)

2. 유아 음악교육의 지도방법

유아의 음악교육 방법은 일반적인 유아교육의 교육방법과 차이는 없다. 그러므로 유아 음악활동에서 수행해야 할 교사의 역할과 행동은 유아와의 상호작용, 학습의 촉진자, 지원자, 문제 해결자, 안내자와 같은 역할과 함께 인정하기, 모델 보이기, 촉진하기, 지원하기, 비계설정하기, 함께 구성하기, 시범 보이기, 지시하기와 같은 교수행동 등을 들 수 있다, 이러한 원리를 바탕으로 하여 모든 유아음악활동에서 고려해야 하는 통합적 측면의 지도 방법을 제시하면 다음과 같다(김명순 외, 1998: 안재신 외, 2002).

첫째, 활동 전에 그 활동과 관련된 것을 충분히 탐색할 시간을 제공하며 동기유발을 한다.

음악활동에 필요한 충분한 악기 탐색, 여러 가지 준비물에 대한 다양한 사용방법등 활동과 관련된 사전경험에 대해 충분히 탐색을 하고 회상을 하여 음악적 활동에 몰입할 수 있도록 접근을 한다.

둘째, 통합적인 접근에 기초한 음악 활동이어야 한다.

유아 음악을 별도의 교과목이나 영역으로 구분시키는 것은 유아의 발달에 적합하지 않다. 이홍수(1990)는 통합적 접근방법에 의한 음악학습은 음악의 개념 및 생성 원리와 음악에 대한 태도를 종합적으로 다루며, 음악 영역 내에서의 통합은 음악적 개념과 원리의 이해를 위해 중요한 의미를 가진다고 하였다. 즉 음악활동은 감상활동, 악기활동, 노래부르기, 신체활동과 같은 음악 영역 내에서의 통합 활동으로 연결되는 것이 바람직하며, 음악과 미술활동, 음악과 문학활동, 음악과 수학활동과 같은 다른 영역과의 통합활동으로 확장되어야 한다.

셋째, 유아의 직접 참여를 장려하는 능동적 학습 활동이 되도록 한다.

유아의 음악 활동은 유아가 직접 선택하고 참여할 수 있는 활동으로 선정되고 협동적인 소집단 활동과 대집단 활동이 모두 포함 될 수 있어야 한다.

넷째, 교사는 시청각 자료를 다양하게 준비한다.

유아의 음악활동은 노래와 목소리만으로 이루어져서는 안되며 최대한의 학습의 효과를 가져오기 위해서는 그림, 사진, 비디오와 같은 영상매체, 실물등 다양한 시청각 자료를 준비해야 한다.

다섯째, 활동의 과정과 활동 참여의 기쁨, 창의성 증진에 강조를 둔다.

유아기의 음악교육은 유아가 스스로 음악에 대해 탐색하면서 자신의 방식으로 음악적 경험과 지식을 형성하는 과정이므로 유아의 흥미와 자발적 참여에 기초하여 이루어져야 한다. 유아의 흥미와 상관없이 유아에게 일방적으로 노래를 가르치고, 악기연주를 시키고, 음악감상을 시키는 것은 바람직하지 않는 방법이다.

여섯째, 음악활동시 교사의 음악에 대한 태도와 교사-유아 상호작용은 매우 중요하다.

음악 활동시 교사와 유아의 상호작용은 매우 중요한 요소이다.

Andress(1991)는 교사들이 유아와 상호작용할 때 교사가 음악을 얼마나 사랑하고 있으며, 창의적 표현을 통해 자신이 느낀 것을 발산하는 것이 얼마나 가치 있는가를 유아가 느끼도록 모델링하는 것이 매우 중요하다고 하였다. 그리고 유아가 지금 표현하고 느끼고 있는 것을 교사가 적시에 언어적으로 기술해줌으로써 교사가 유아 행동을 자랑스럽게 생각하고 있고 격려한다는 메지지가 전달되도록 한다. 또한 교사는 유아의 현재의 음악적 발달 수준을 정확히 파악하여 음악 활동을 제공하고 적절한 상호작용을 통해 근접발달지대 내에 있는 잠재적 발달 수준까지 다다를 수 있도록 도와주는 비계설정자이다.

일곱째, 각 유아는 개별적으로 다르며 느낌과 표현방식에 개인차가 있다. 특히 음악적인 표현에는 개인차가 크다.

똑같은 음악활동을 했음에도 불구하고 각각의 유아들은 자신이 가지고 있는 음악적 경험과 발달단계에 따라 다르게 반응하고 활동을 한다. 같은 연령의 유아 간에도 표현 방식과 흥미, 표현 정도, 발달 등에 개인차가 있으며, 한 개인 내에서도 각 영역간 활동 참여 정도 등의 차이가 난다. 따라서 교사는 유아의 발달 과정에 주의를 기울이고 개별적으로 적절한 경험을 제공하도록 하며 유아 개개인의 독특한 표현을 인정하고 개별적으로 좋은 표현을 이끌도록 언어적 비언어적으로 격려한다.

여덟째, 모든 음악 활동의 내용은 연간 교육 계획에서 골고루 다루어져야 하며, 활동 기회가 시간적으로 충분히 제공되어야 한다.

모든 음악활동은 연간의 교육계획에 의해 가능한 주제에 맞게 이루어지는 것이 유아의 음악적 이해를 쉽게 도울 뿐 아니라 음악교육의 내용이 계획적으로 골고루, 지속적으로 다루어지고 통합적으로 진행될 가능성이 높게 된다.

아홉째, 음악활동은 매일의 활동으로 계획되어야 하며 소집단이나 개별 활동이 바람직하다.

음악활동은 다양한 방법으로 매일 이루어지는 것이 좋다. 학기 초 에는 짧고도 단순한 노래를 쉽게 배울 수 있게 계획하며, 새 노래 부르기는 교육활동 계획에서 일정한 시간동안 대집단활동으로 계획하고, 3세 유아들은 정규 음악시간에 대집단으로 노래를 가르치는 것은 피하며 소집단이나 다른 사람과 어울리거나 개별적으로 음악활동을 하는 것이 바람직하다.

제 4 장

유아 음악교육을 위한 환경구성과 교사의 역할

1. 음악영역의 환경구성

유아교육기관의 환경구성은 일반적으로 흥미영역을 중심으로 구성되어있다. 연령에 따라 약간의 차이가 있지만 유아 반을 기준으로 볼 때 언어영역, 미술영역, 음률영역, 쌓기영역, 소꿉영역, 수 · 과학영역, 조작영역 등을 기본 영역으로 구성하여 운영하고 있다. 영역의 구성은 영역의 특성에 따라 조용한 영역과 시끄러운 영역, 물이 있는 영역과 건조한 영역등을 기준으로 비슷한 특성을 이웃 영역으로 하여 구성하고 있다.

1) 음악영역의 조건

음악영역은 시끄럽고 건조한 영역으로 분류할 수 있고 이웃 영역으로는 쌓기 영역이나 소꿉영역을 둘 수 있으며 피해야 할 영역은 언어영역이다.

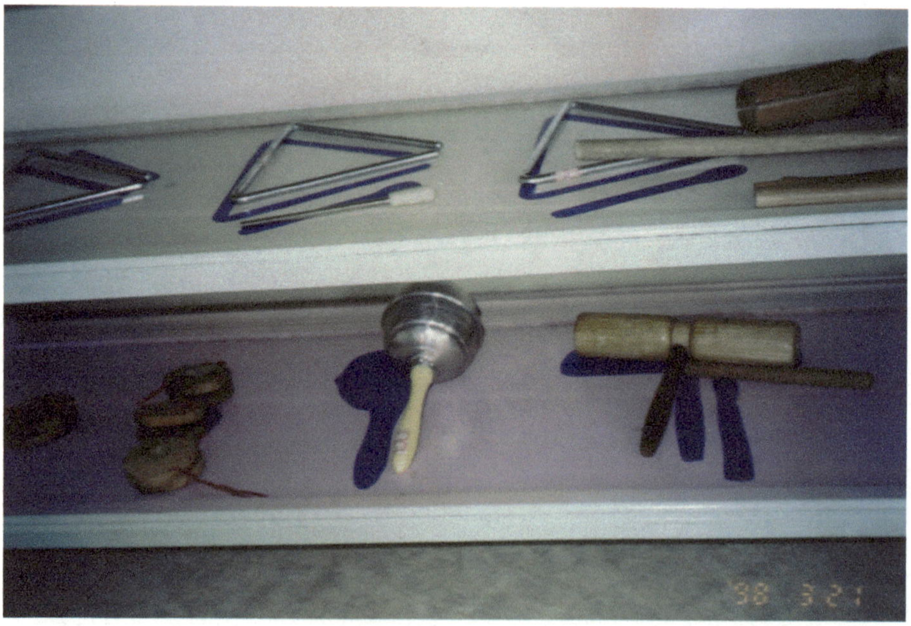

악기와 라벨링

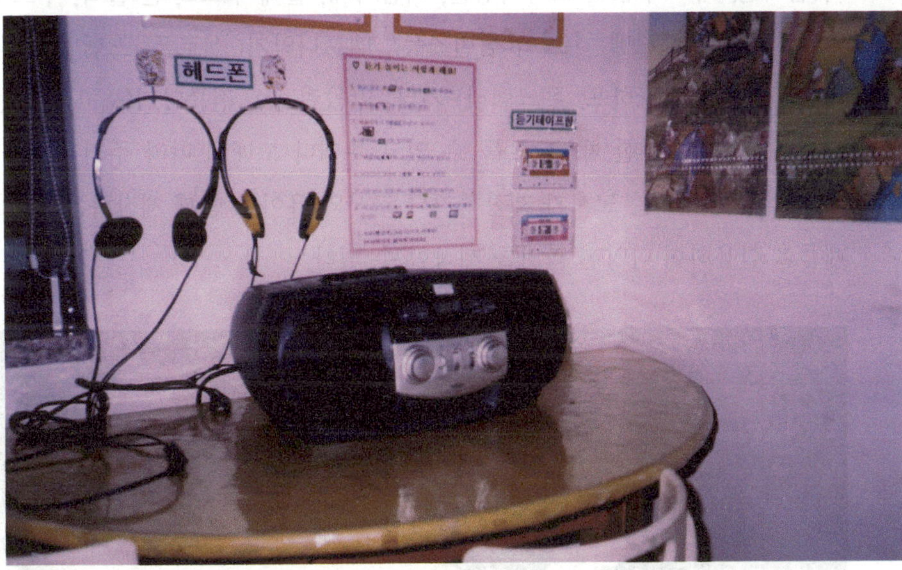

음악영역은 신체활동이 주로 많이 동반되므로 음률영역이라고도 부른다. 그래서 시끄럽고 활동적인 영역적 특성이 있으므로 소음을 피하기 위하여 바닥에 카펫을 깔고, 악기의 종류나 모양이 다양하므로 영역장은 뒤 쪽이 개방되어 있는 것으로 한다.

2) 음악영역의 악기

음악영역에 비치 할 수 있는 교구는 거의 매일 비치하는 기본교구와 주제, 노래에 따라 주기적으로 변화를 주며 바뀌는 교구들로 나눌 수 있다.

다양한 악기를 다루어 보는 경험은 유아들의 음악적 반응을 자극하고, 소리의 과학적 지식에 흥미를 갖게하고, 재미있고 쉽게 음악을 만들도록 격려한다. 악기를 다루는 활동은 '악기 소리의 탐색' 으로부터 시작된다. 충분한 탐색의 기회를 가진 후 노래나 피아노 연주 등에 맞추어 악기를 다루는 '악기 연주' 와 더 나아가 '음악 만들기' 로 발전시킬 수 있다.

만 5세 이전의 유아에게는 리듬악기나 간단한 멜로디 악기를 경험하는 것이 바람직하다. 영역에 비치할 수 있는 기본악기는 연령에 따라 차이는 있지만 리듬악기(탬비린, 캐스터네츠, 트라이앵글, 리듬막대, 클레이브스, 톤 블록, 우드블럭, 마라카스, 귀로, 핸드벨, 손가락 심벌즈등), 멜로디악기(실로폰, 스텝벨, 목금, 피아노등), 현악기(오토하프, 우크렐라, 기타, 만돌린 등), 전통악기(소고, 장구, 징, 꽹과리, 북 등), 다양한 채 등을 들 수 있고 주제나 노래에 따라 주기적으로 변화를 주는 악기는 대부분 교사가 제작하거나 교사와 유아가 함께 제작하는 악기로 주로 폐품을 활용하여 다양한 악기를 제작할 수 있다.

3) 음악영역의 벽면 구성

음악 영역의 벽면은 음악과 관련된 사진이나 그림, 엽서, 포스터, 음악가 사진, 노랫말 등으로 꾸며 음악적인 분위기가 풍기도록 구성한다.

연주회 포스터

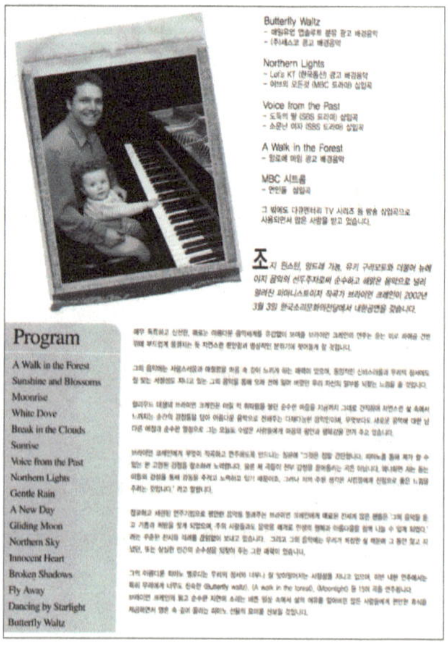

연주회 포스터

음악회 입장권

전통악기 연주회 포스터

음악관련 그림엽서

그림엽서

그림엽서

4) 음악영역의 보조자료

음악영역에는 악기 이외에도 음악을 듣고 그릴 수 있는 종이나 그리기 도구, 음악 관련 도서, 칸이 넓은 오선지, 음악을 듣고 신체활동을 할 수 있는 보자기, 스카프, 리본테이프, 망토, 플레어 스커트. 탭 댄스 신발, 음악회 관람시 필요한 입장권 등을 주어 다양한 음률활동이 이루어지도록 한다.

우리나라에서 출간된 음악관련 도서(한국 어린이 육영회,1998)는 유아들의 음악적 경험을 풍부하게 하고 교사에게는 교육현장에서 활용할 수 있도록 되어있어, 교실의 음악영역이나 도서 영역에 비치하여 자유선택활동시 유아가 사용할 수 있으며, 소그룹이나 대그룹 활동의 자료로 활용하도록 모두 8권의 책으로 되어있다. 1권(소리를 만들어 보세요)의 내용은 다양한 물체를 이용한 소리 만들기 방법과 소리가 만들어지고 들려지게 되는 원리에 대해 다루고 있다. 우리 주변에서 쉽게 접할 수 있는 다양한 물체, 즉 깡통, 냄비, 유리컵, 상자, 고무줄 등을 이용한 소리의 탐색이 각 장에 제시되어 있다. 2권(여러가지 리듬악기)의 내용은 유아의 발달에 적합하며, 쉽게 접할 수 있는 악기인 리듬악기에 대해 다루고 있다. 다양한 종류의 리듬악기에 대한 외형적 특징, 연주 법등을 내용으로 하고 있다. 3권(노래를 불러보세요)의 내용은 성대 사용의 원리와 노래하는 자세에 대해 다루고 있다. 노래하는 바른 자세와 목소리를 내어보면서 목의 떨림을 느껴보고, 여자와 남자, 어른과 어린이의 목소리의 차이를 성대와 관련지어 설명하고 있다. 4권(음악이란 무엇일까요)의 내용은 음악의 기본 개념인 음색, 높낮이, 리듬, 강약에 대해 다루고 있다. 5권(음악은 어떻게 말들어질까요)의 내용은 음악이 만들어지고 사용되는 과정을 다루고 있다. 작곡가가 음악을 만드는 과정과 악보에 사용되는 음악의 기호, 연주된 음악기기와 녹음되는 과정들을 접할 수 있다. 6권(음악은 어디에 쓰일까요)의 내용은 주변에서 듣게 되는 음악의 용도 즉 우리 생활의 어디에 쓰이는지, 음악이 있어 무엇이 다른지, 음악이 왜 필요한지를 그 내용으로 하고 있다. 7권(음악과 함께 일하는 사람들)의 내용은 음악과 관계된 직업을 가진 사람들에대해 다루고 있다. 8권(세계 여러나라의 음악)의 내용은 세계 여러나라의 고유한 악기와 음악 즉 우리나라의 사물, 일본의 사미센, 인도의 시타르, 스위스의 알펜호른, 오

스트레일리아의 디제리두 등을 소개하고 있다.

첫 번째 음악책(한국 어린이 육영회)

유아가 배운 노래를 녹음해서 들어 볼 수 있는 녹음기, 노래 테이프, 카세트나 CD플레이어, 다른 영역에 방해를 줄일 수 있도록 헤드폰이나 이어폰 등을 비치해 두고, 그 주에 배웠던 노래나 관심 있는 노래의 노랫말을 벽면에 게시하여 보면서 음악에 맞춰 불러 볼 수 있게 한다.

노랫말 판

노랫말 판 만들기와 사용 방법

1. 하드보드지 두 장의 바탕을 간단하게 꾸민다.(너무 요란하게 장식하면 노랫말이 선명하게 보이지 않으므로)
2. 꾸민 다음 투명 아세테이트로 하드보드지를 싼다.
3. 적당한 간격으로 부들이를 붙인다.
4. 노랫말을 종이에 쓴 뒤 한 소절 씩 자른 후 비닐 코팅을 한다.
5. 코팅 뒷 면에 깔깔이를 붙인다.
6. 노래가 바뀔 경우 노랫말을 4와 5 같이 만든 후
7. 음악영역에 세워 놓고 계속 노랫말만 바꿔가며 사용할 수 있다.

2. 교사의 역할

교육의 질은 교사의 질과 깊은 관계가 있다. 유아교육이 통합교육을 해야하는 특성상 유아교육기관의 교사들은 다방면에 지식을 겸비하고 있어야 하는 어려움이 있다. 유아 음악교육을 하기 위해서는 유아 음악 뿐 아니라 일반적인 음악에도 정보를 가지고 있으면 많은 도움이 된다. 특히 음악 분야는 개인의 성향에 따라 관심이 적은 사람도 있게 된다. 개인적인 성향이 음악을 좋아해서 많은 종류의 음악을 알고 있거나 노래 부르기를 좋아하는 교사들은 유아들과 음악시간을 많이 가지게 될 가능성이 크다. 하지만 유아 음악은 유아를 음악가를 만들기 위한 목적이 아니므로 음악에 대한 고도의 기술이나 전문성을 요하지 않는다.

김혜경(2001)은 유아음악 교육을 위한 교사의 역할을 음악에 대한 이론적 배경의 습득, 음악 경험의 계획, 새로운 아이디어 찾기, 노래 익히기, 악기 및 음악 기기의 활용, 교사 자신의 흥미유지, 즉흥적인 표현격려하기를 제한하였으며, 심성경(2003)은 유아가 능동적으로 참여하게 하고, 교사 자신의 음악가로서의 정신(musicianship)에 자신감 갖기, 매일 계획된 활동과 다른 교육과정과의 연결, 자유로운 분위기 조성, 창의적인 사고와 행동을 자극할 수 있는 교수자료나 경험을 제공함으로써 적절한 음악활동과 환경을 만드는 것이라고 하였다.

또한 음악은 일상생활 속에서 자주 접할 수 있는 내용이므로 평상시 음악과 관련된 영화 관람, TV 프로그램 시청, 음악과 관련된 책, 여행이나 행사참여시 유아를 위한 음악관련 자료를 쉽게 수집할 수 있다. 이렇게 수집된 자료들은 음악적 자극과 환경을 구성하는데 중요한 역할을 하므로 음악관련 자료를 수집하는 습관을 갖는 적극적인 교사가 되어야 한다.

히스 마스터스 보이스(HIS MASTER'S VOICE)

니퍼(NIPPER) 이야기

사진 속의"니퍼"라는 강아지는 평상시 주인과 함께 "무도회의 권유"라는 음악을 자주 들었다. 그런데 주인이 죽은 후 어느 레코드 가게를 지나가던 니퍼는 무도회의 권유라는 음악을 듣게 된다. 니퍼는 음악이 끝 난 후 평상시 그랬던 것처럼 축음기 나팔 앞에서 주인의 목소리가 나올까봐 떠나지 않고 기다리고 있는 음악과 관련된 애절한 이야기이다. (강릉 "참소리 박물관" 소개책자 중 : 강원도 강릉시 송정동)

이렇게 수집된 음악적인 자료는 유아들에게 사진, 이야기, 책자, 영상등으로 다양하고 유익하게 제공될 수 있게된다.

3. 유아를 위한 악기

유아교육 기관에서 다루어지는 유아를 위한 악기에 대한 사용법은 유아들이 자유롭게 소리를 탐색하면서 다루는 것이 바람직하다. 하지만 악기마다 각각의 독특한 연주법이 있으므로 교사가 악기에 대한 바른 사용법을 익혀 유아들에게 다양한 방법으로 제시한다면 유아들 또한 여러 음악 활동 속에서 악기들을 잘 다룰 수 있게 될 것이다.

유아교육기관에서 유아들이 쉽게 다루는 악기에 대한 기본적인 설명과 연주법은 다음과 같다.

1) 큰 북(bass drum)

저음을 나타내거나 첫 박이나 강박의 리듬을 나타내는 악기로 악기를 세우고 한 쪽 또는 양 쪽을 팔로 친다는 생각보다는 손목의 유연한 움직임으로 치는 것으로, 북 표면에서 튀듯이 쳐야 좋은 타음을 얻을 수 있다. 스타카토 표현은 친 후 곧 바로 좌우 피막에 손바닥을 갖다 대면 되고, 트레몰로 주법은 채의 가운데 부분을 잡고 재빠른 좌우 손목 운동으로 치는 것이다. 행진곡등에 강 박자나 트레몰로 등으로 낮은음을 내는 악기이다.

2) 작은 북(side drum)

악기를 수평 방향 또는 약간 비스듬히 옆으로 뉘어놓고 두 개의 채를 사용하여 연주하며, 행진곡에서 약박자를 치거나 크레센도 등에 사용하여 효과를 내는 악기이다. 고적대에서는 필수적이며 관현악에서도 가끔 사용한다.

3) 심벌즈(cymbals)

둥그런 접시모양의 금속을 서로 맞 부딪혀서 소리내는 악기로 클라이막스의 강조를 위해 사용되는 악기이다. 악기에 달린 끈 속에 손 가락을 넣고 잡거나 손을 넣지 않고 끈 아래 부분을 잡고 연주하는 방법이 있다. 오래 지속되는 음이나 소리의 진동을 유아들에게 보여줄 때 적당한 악기이다.

4) 탬버린(tambourine)

손으로 쳐서 연주하고 소형의 나무로 만든 통에 한 쪽만 가죽이 씌여져 있으며 두 장 한쌍의 철이나 구리등의 금속 원 판을 달아 두드릴 때 이것이 방울처럼 동시에 진동하면서 소리를 내는 악기이다. 악기는 주로 왼손으로 잡는데 엄지손가락은 테두리에 뚫려 있는 구멍 바깥쪽에서 안쪽으로 살짝 넣고 나머지 손가락은 테두리 안에서 위로 감싸쥐면 된다. 수직으로 잡고 치면 딸랑이의 효과를 내기 힘드고 수평으로 잡고 치면 악기 잡은 손목이 부담을 느낄 수 있으므로 비스듬이 잡고 치는 것이 바람직하다. 가운데를 치면 소리가 크게 나며 테두리 쪽을 치면 소리가 작게 난다. 밝고 빠른 음악이나 강하고 악센트가 있는 박자를 연주할 수 있는 장점이 있다.

5) 우드블럭(wood block)

단단한 나무의 속을 파내어 만든 타악기로 흔히들 목종 이라고도 하며 불교에서 쓰는 목탁도 이런 종류의 타악기라 할 수 있다. 가슴과 배꼽 사이에 엄지와 나머지 손가락으로 악기의 손 잡이 부분을 잡고 다른 손 엄지와 검지로 채를 잡는다. 악기의 양 쪽을 번갈아 가면서 치거나 양 쪽을 좌 우로 문지르듯 치는 방법이 있다. 일정한 박자, 분명한 리듬을 묘사할 때 적당하다.

6) 귀로(guiro)

라틴아메리카의 리듬악기로 나무의 울룩 불룩한 홈을 만들어 나무나 쇠 솔로 문질러 소리를 내는데, 흔히들 보는 빨래판 형태의 악기이다. 가슴과 배꼽 사이에 엄지와 나머지 손가락으로 악기를 세로 또는 가로로 잡고 다른 손 엄지와 검지를 중심으로 채를 잡는다. 채를 상하 좌우로 문질러서 소리를 내게 되는데 채의 연수 형태에 따라 빠르게, 느리게, 세게, 약하게, 리듬을 주어 다양한 소리를 낼 수 있다.

7) 트라이앵글(triangle)

가느다란 원통형 금속봉을 정삼각형의 세모꼴로 구부린 것으로 쇠막대의 한 꼭지점을 끈으로 달아매서 치는 높고 투명한 음색을 내는 악기이다. 줄은 가늘고 한 겹만 있는 것이 좋으며, 쉽게 정지할 수 있도록 너무 길지 않아야 하며, 한 손의 엄지와 검지로 실을 잡아서 악기를 잡고 다른 손으로는 채를 잡는다.

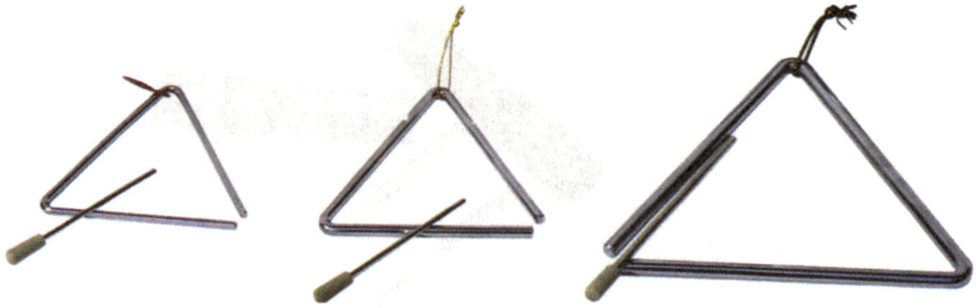

8) 핸드벨(Handbell)

핸드 벨(Handbell)은 손으로 벨을 잡고 연주를 할수 있는 악기로 핸드벨 음악은 신비스럽고 매력적이어서 "천상의 소리". "황금종소리"로 불릴정도의 아주 아름다운 소리의 악기이다.

핸드 벨은 영국의 교회 탑에서 시작이 된 악기인데 교회 탑에 매달려있는 종을 치는데 이것을 연습하기 위해 만들어진 악기이다. 사람을 부른다던가, 교회 예배 시간을 알리고, 우리 나라에서는 두부장수, 청소차등에서 종을 치기도 하였다.

구리와 주석의 합금으로 된 핸드 벨은 손잡이를 손으로 잡고 연주를 하게 되는데 여럿이서 함께 연주하는 것이 더욱 교육적인 면에서 아주 효과적이다.

악기 연주법은 핸드 벨의 손잡이에 써있는 핸드 벨 그림이 몸 쪽으로 오게 하고 손으로 핸드 벨의 핸들 가드를 바짝 잡는다. 핸드 벨을 앞으로 나오면서 손을 쭉 펴서 손목을 이용하여 핸드 벨을 울리게 한다. 그러면서 울린 핸드 벨을 위쪽 방향으로 원을 그리면서 올린다. 그리고 핸드 벨을 다시 몸 쪽으로 당기면서 천천히 몸에 핸드 벨을 댄다. 4박자 일 때는 큰 원을 그리고 3박자 일 때는 그보다 작은 원을, 2박자 일 때는 더 작은 원을 그리면 된다. 빠른 박자 일 때는 아주 작은 원을 빠르게 그리게된다.

울린 핸드 벨은 반드시 박자의 길이만큼 울리게 한 후 반드시 소리를 멈추어야 한다. 소리를 멈추게 하는 방법은 핸드 벨을 자기의 몸에 대면 된다.

9) 캐스터네츠(castanets)

치는 명이 움푹 패인 조개모양과 같은 단단한 나무토막 2개를 맞부딪쳐 소리를 내는 타악기로 상아 또는 단단한 나무로 만들며 두 손 에 한 개씩 손가락에 끼워 부딪혀 소리를 내거나, 손바닥에 올려놓고 다른 손의 세 손가락 끝으로 치는 악기다.

10) 마라카스(maracas)

흔들어서 소리내는 체명 악기의 하나로 공모양이나 계란 모양의 박과 식물의 열매를 말려 알맹이를 파내고 대신 말린 씨앗을 넣어 봉한 것으로 박과의 열매 마라카스에서 이 명칭이 생겼다. 최근에는 나무나 금속, 합성수지, pet 병이나 통을 활용하여 만든 다양한 악기들이 많으며, 보통 양손에 하나씩 가지고 상 · 하, 좌 · 우로 연주하기 때문에 〈마라카스〉라는 복수형으로 불리며, 라틴아메리카 음악에서는 리듬악기로써 빼 놓을 수 없는 악기이다.

11) 봉고(bongo)

두 개를 한 세트로 사용하는 드럼의 일종으로 작은 나무통 한쪽에다 가죽을 메워 보통 두 개를 한 벌로 세워 놓고 손으로 치는 악기로 높고 맑은 소리를 내어 흥겨운 음악을 표현하는데 사용된다. 네 개의 손가락을 모아 두 손으로 치며 손이나 손가락 대는 방법에 따라 다양한 음을 낼 수 있고 채로도 칠 수 있다.

12) 리듬막대(drum stick)

윷가락 같이 둥글게 깍은 한 쌍의 막대모양으로 하나의 막대로 다른 타악기를 두드리거나, 두 개로 위 · 아래를 번갈아 부딪쳐서 소리를 내는 악기로 타악기와 리듬악기를 좋아하는 영유아에게 필수 적인 악기라고 할 수 있다.

위에 소개된 악기의 연주법은 악기에 대한 기본 연주법을 소개하는 것으로 교사는 유아에게 기본 연주법에 대한 소개 및 안내를 해주고, 유아 음악교육의 목적이 기술(skill) 습득의 목적이 아니므로 유아의 음악적 경험 및 유아의 발달 상태에 따라 자유롭게 연주할 수 있도록 허용해 주는 것이 바람직하다.

4. 교사를 위한 악기

앞에서도 언급했듯이 많은 교사들이 음악시간에 사용한 악기가 피아노에 편중되어 다양한 악기를 통한 음악적 접근이 유아에게 제공되지 못하고 있는 실정이다. 교사가 스스로 쉽게 배워 음악활동시간에 사용할 수 있는 악기의 종류에는 리코더, 하모니카, 오카리나, 우쿠렐레, 기타 등이 있으며 사용방법을 제시하면 다음과 같다. (http://www.hamonica.co.kr/hamonica-idea3.htm-하모니카: 브레인, 임경희-오카리나: 우쿠렐레교본, 남궁련- 우크렐레 : http://www.recorderlove. com- 리코더.)

1) 리코더(recoder)

플룻류의 관악기로 리코더는 누구나 쉽게 배울 수 있는 장점이 있으며 화음감을 느낄 수 있다. 리코더의 구조는 간단하지만 예술적 표현이 가능하고 기능 숙달이 쉽고 빠르며, 음악활동 속에 리코더 연주활동을 계속적으로 교육현장에서 활용한다면 학생들의 음악적 표현활동에 커다란 효과가 있을 것이다.

리코더 교육에는 다음과 같은 특징과 교육적인 효과가 있다.

- 누구나 소리를 낼 수 있어 접근하기 쉽다.
- 가격이 저렴하고 견고하며 유지비가 거의 필요 없고 휴대하기가 간편하다.
- 두가지 운지만 익힘으로써 모든 종류의 리코더를 연주할 수 있다.
- 누구나 악보로부터 음악을 감지할 수 있게 된다.
- 스스로 작곡할 수 있는 발전적 가능성을 가지게 된다.
- 무한한 음악성을 추구할 수 있는 예술악기다.
- 음색이 가창이나 현악기와도 잘 조화되며 음색이 맑고 순수하여 사람 목소리에 가깝다.
- 음악에 대한 흥미유발을 일으켜 가창학습에 잘 병용하면 변화 있고 즐거운

수업이 된다.

- 음량이 적어 장소에 구애받지 않고 편하게 연주할 수 있다.
- 리코더만으로 앙상블이 가능하며 가족 단위로 연주할 수 있어 음악적 체험을 쌓을 수 있다

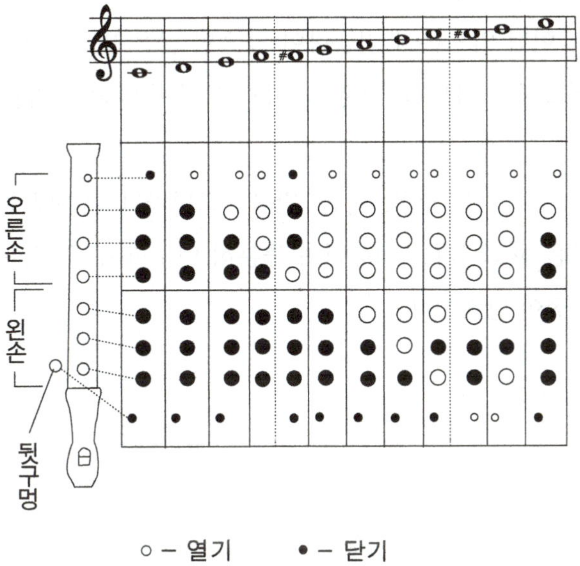

리코더 운지법

2) 하모니카(harmonica)

하모니카는 전세계적으로 수백만의 사람들이 사랑하고 연주하는 악기로서 제한 없이 모든 곡을 연주할 수 있으며 리드군과 공명을 통하여 소리가 나게 되어 있다.

하모니카의 역사는 기원전 3000년에 중국에서부터 시작되다. 쉥(sheng)이라고 부르는 관악기를 만들었다고 하는데, 이 악기는 대나무로 만들어졌는데 불면 공명에 의해 소리가 났다. 18세기에 마르고 폴로가 이 악기를 유럽에 처음에 소개하여 알려지게 되었으며, 이 악기의 영향으로 풍금, 아코디온, 섹스폰 그리고 하모니카가 만들어졌다고 한다.

◆ 하모니카의 연주 자세

하모니카를 연주할 때는 자세가 중요하다. 하모니카를 너무 꽉 쥐지 않도록 주의해야 하며 가슴을 펴고 발은 자연스럽게 벌려 주는 것이 편하다. 박자를 계산 할 때 발로 가볍게 맞추어 주도록 한다. 박자는 박자표에 따라 한 박자를 기준으로 발박자를 해 주어야 한다. 연주시 호흡 조절을 잘 해야 긴 시간 연주하여도 무리가 가지 않는다. 어떤 악기든지 연습량이 많으면 많은 만큼 실력이 쌓이므로 기초부터 꾸준히 연습하면 하모니카라는 악기가 유아 음악의 즐거움이 될 수 있을 것이다.

하모니카의 종류에는 단음, 복음, 반음하모니카가 있는데 유아 음악활동시간에는 간단한 단음 하모니카를 이용하여 충분히 연주할 수 있다. 단 저음 연주시 파와 라가 없다는 점이 단점이다.

◆ 단음 하모니카의 음배열 및 사용법

내분다	도	미	솔	도	미	솔	도	미	솔	도
마신다	레	솔	시	레	파	라	시	레	파	라

◆ 악보 옮기기

하모니카 곡은 가능하면 모두 다장조(C)로 조옮김해서 부는 것이 편하다. 원곡대로 연주시 반음이 너무 많기 때문에 연주가 매우 힘들어 진다. 다장조로 옮겼을 때 곡을 암기하기도 쉬워 진다.

◆ 하모니카의 여러 가지 주법

싱글주법은 하모니카 연주의 가장 기본적인 주법으로 싱글주법의 입 모양은

'오' 나 휘파람을 불 때처럼 입을 최대한 오므려서 한 구멍에 대고 불어서 한 음만 나도록 해야 한다.

싱글 주법은 모든 주법의 기본이라는 점에서 많은 연습이 필요하다. 내불고 마시는 음을 정확하게 연습하여 다음 여러 주법을 익히는 데 기초가 되도록 해야 한다.

아르페지오주법은 음과 음 사이가 떨어져 있을 때 꾸밈음의 모양으로 연주하는 주법으로 계명이 앞의 음보다 높으면 낮은 음에서부터 훑어 서 연주하고 반대로 낮은음으로 찾아갈 때는 높은 음에서부터 훑어 준다.

트릴주법은 하모니카를 불거나 마시면서 좌 · 우로 빨리 흔들어 주면 된다. 예를 들어 중음 도를 불 때 중음 미가 반복해서 소리가 난다. 주로 강조하고 싶은 부분에서 연주하면 좋다.

3) 오카리나(ocarina)

'오카리나(Ocarina)' 는 이탈리아어로 '작은 거위' 라는 뜻을 가지고 있으며 'sweet potato' 라고 불리기도 한다.

각 나라별로 전해져 내려오는 전통악기는 고유의 이름이 있으나, 오카리나라는 말이 생긴 후 부터 흙으로 만들어졌고 폐관악기이며 '오카리나' 라고 불리우게 되었다. 예를 들어 우리나라의 전통악기인 '훈' 은 '한국의 오카리나' 라고 말해도 될 것이다.

오카리나는 인류의 문명이 발달하기 시작한때부터 있었던 것으로 추정된다. 원시적이지만 흙으로 만든 휘슬(한음을 낼 수 있는 원시적인 악기)이 지속적으로 발전하였으며 각 지역의 특색에 맞는 악기로 제작, 발전되었다. 지역의 분포는 유럽, 아프리카 뿐 아니라 아시아에도 원시적인 오카리나가 발견되었으며, 현재까지 발견된 가장 오래된 오카리나는 잉카문명 지역에서 발굴된 거북모양의 오카리나로 알려져 있다.

◆ 운지법

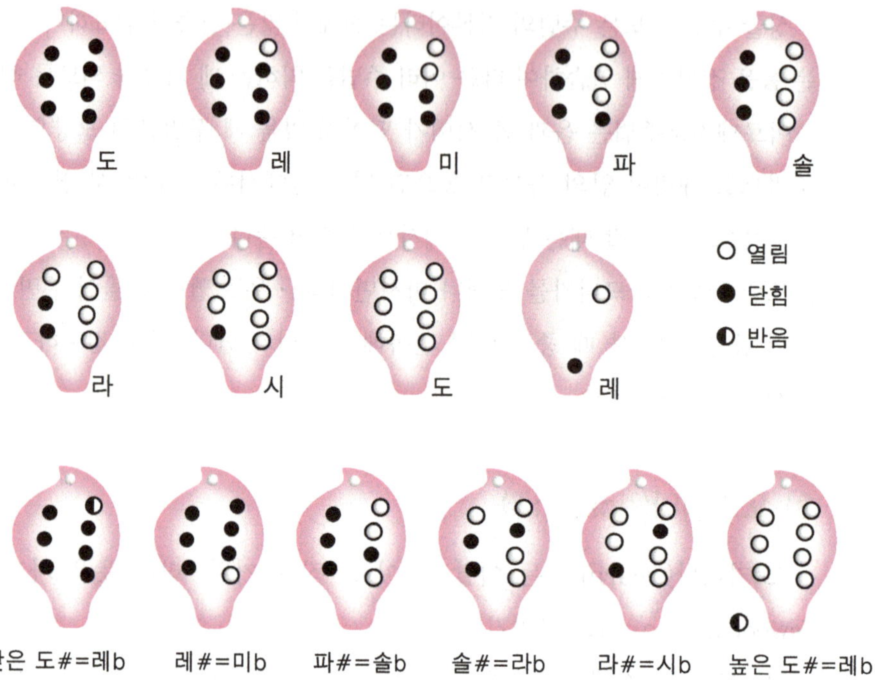

◆ 오카리나 연주 자세

악기를 처음 배우고자 할 때 가장 먼저 배워야 할 것이 있다면 바로 자세일 것이다. 자세가 바르지 못하면 제대로 된 연주를 하기가 힘들며, 단기간에는 어떠한 성과를 볼 수 있을지라도 장기간으로 볼 때는 발전을 저해하는 요소로 작용하기 때문이다. 호흡기관으로 연주하는 모든 관악기가 그러하듯이 오카리나 역시 자세가 중요하다. 오카리나는 다른 관악기와는 다르게 연주할 때의 자세에 대한 제약은 적은 편이다. 악기의 크기가 작고 다른 관악기에 비해서 큰 호흡은 들어가지 않기 때문일 것이다.

어깨에 힘이 들어가서는 안 된다. 대부분 앉아서 연주할 때 허리를 굽혀서 연주를 하는 사람이 많다. 이는 호흡에 안 좋은 영향을 주는 자세로 절대 피해야 할 부분이다. 운지 할 때 손가락에 너무 힘을 주어서 연주를 하는 사람도 많다. 물론 초보일 때는 제대로 된 음정구멍을 막기 위해서 힘을 주어서 연주를 할지라도 어느 정도 운지에 익숙해 졌다면 절대 힘을 주어서 운지 구멍을 막는일은 없도록 한다. 이는 어느 정도 실력이 쌓인 후에 빠른 곡을 연주할 때도 속주가 불가능하다. 가급적이면 처음 배울 때부터 정확하며 부드럽게 운지를 해야한다.

반음 운지가 아닌 일반 운지일 경우에는 오른손의 새끼손가락과 약지손가락으로 꼬리부분을 끼워주던지 아니면 새끼손가락으로 꼬리 부분을 눌러준다. 이렇게 함으로 인해서 연주하는 중간에 악기의 흔들림등으로 인해 발생하는 불안함은 없어지게 된다. 더욱 안정적으로 연주를 하기 위해서는 오른손의 검지손가락으로 피스부분의 옆면을 손가락의 측면으로 눌러주면 더욱 안정적인 운지법을 구사할 수 있다.

운지를 할 때 음정구멍(지공)과 손가락의 거리에 따라 소리에는 미묘한 차이가 생긴다. 음정구멍에 손가락이 가까이 붙어 있을 때는 시원한 소리가 나지 않으며 약간 낮은 음이 나오게 된다.

4) 우쿠렐레(ukulele)

하와이의 민속악기로 기타의 종류에 속하며, 하와이에서 포루투칼의 기타로부터 발달하였으며, 1910년 경 미국에 보급되어 지금은 세계적으로 많은 사람들이 유치원, 초, 중, 고교의 기악교육과 그룹 활동에 사용하고 있다.

작아서 휴대하기 간편하고 높은 음색의 튀어나오는 음으로 인한 경쾌하고 독특한 음색이 매력적이다. 고음 악기라 음 전달이 잘 되기 때문에 반주용 악기로 훌륭하며 선율적인 악기로도 손색이 없다. 또 배우기 쉽고 주법이 기타와 거의 비슷하여 코드와 리듬만 익히면 남녀노소 누구나 부담없이 즐길 수 있다. 또한 다양한 화음과 주법으로 동요, 가요등 어느 음악이나 노래반주로 매력적인 연주가 가능하다.

우크렐레 장조의 조표와 주요 3화음(코드 일람표)

조이름	조 표	주요3화음(코드)
Am 가 단조		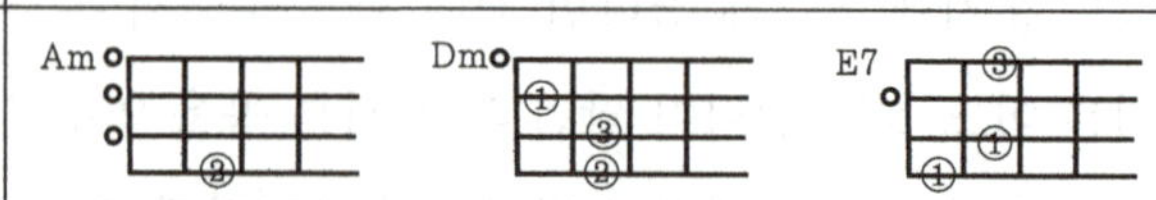
Em 마 단조		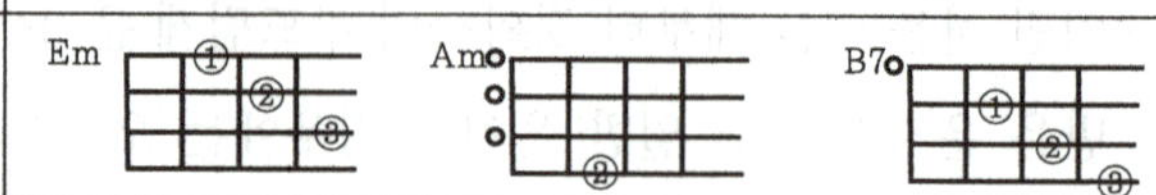
Bm 나 단조		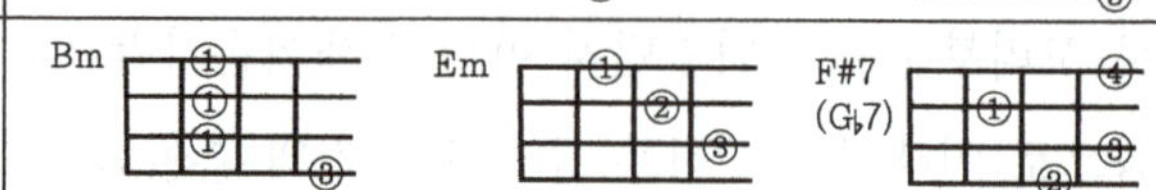
F#m 올림바 단조		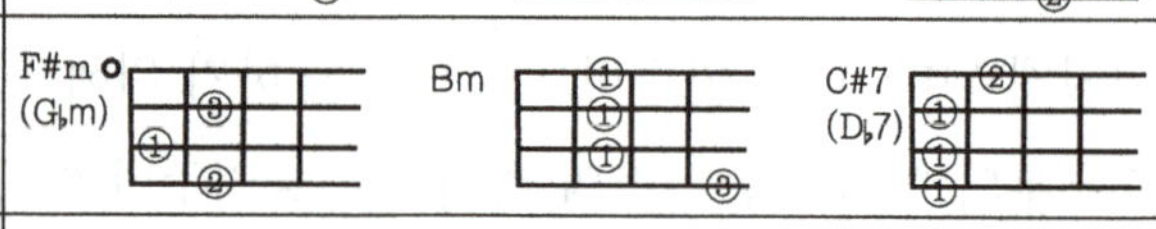
C#m 올림다 단조		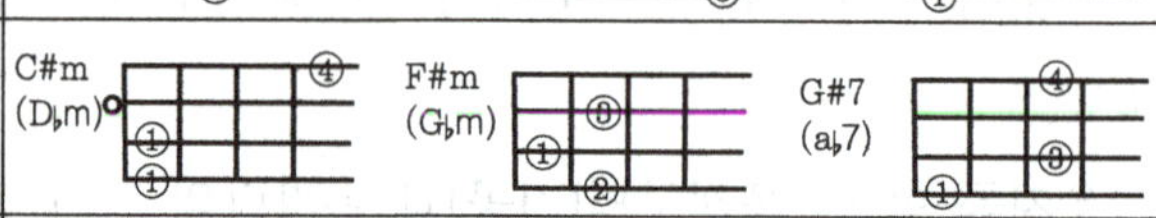
G#m 올림사 단		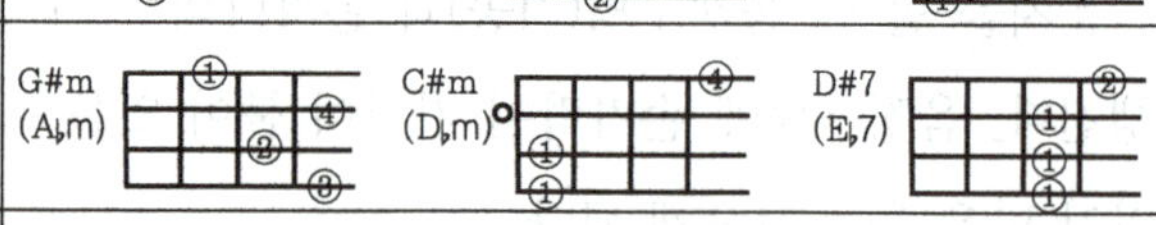
D#m 올림라 단조		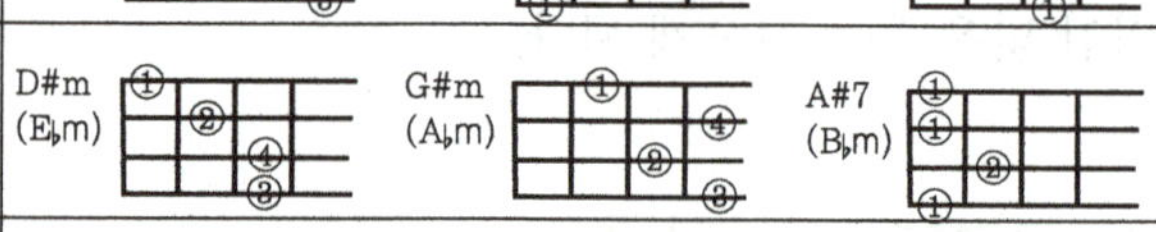
Dm 라 단조		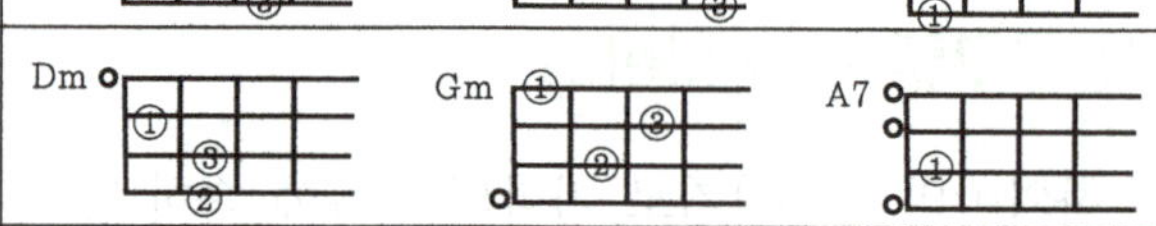
Gm 사 단조		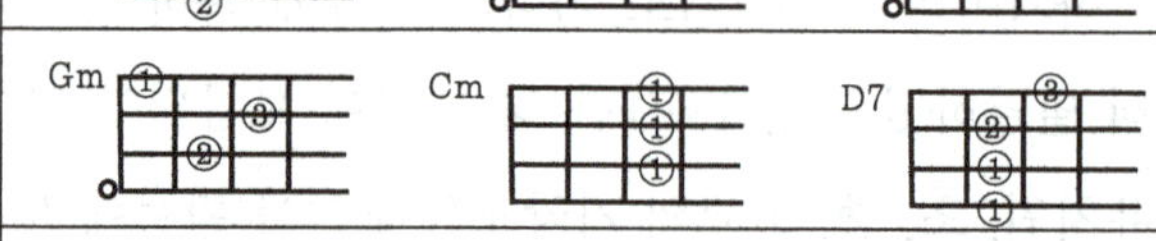
Cm 다 단조		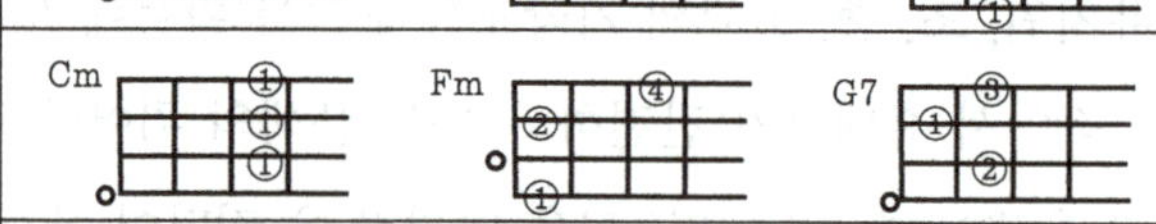
Fm 바 단조		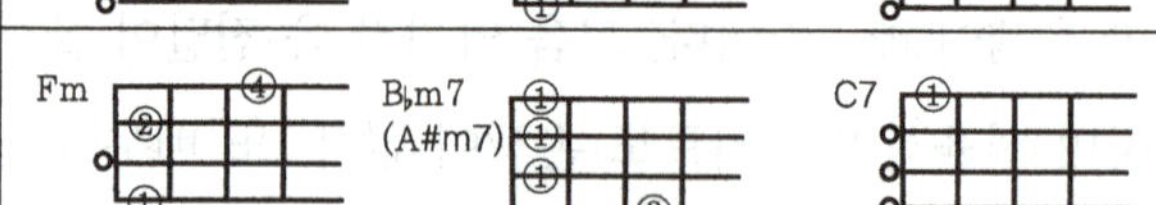
B♭m 내림나 단조		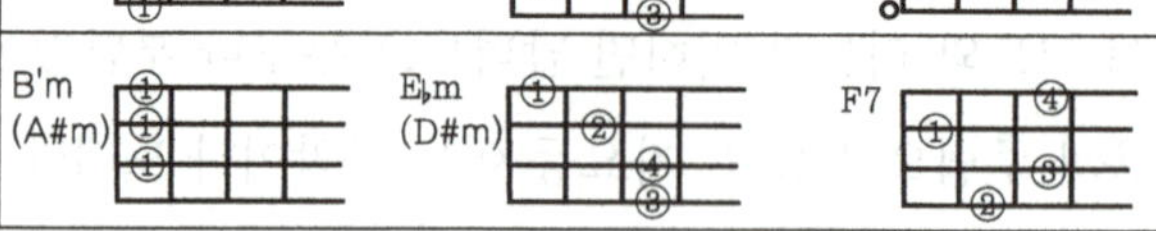

단조의 조표와 주요 3화음(코드 일람표)

조이름	조 표	주요3화음(코드)
Am 가 단조		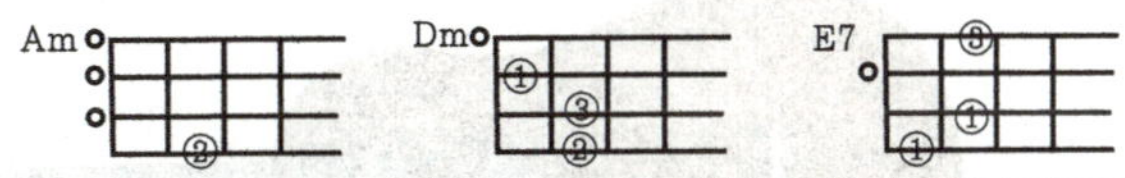
Em 마 단조		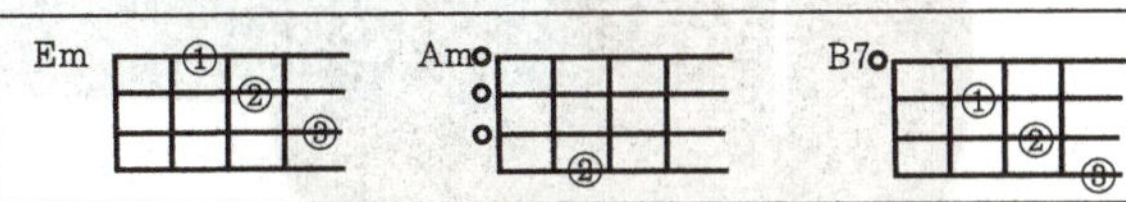
Bm 나 단조		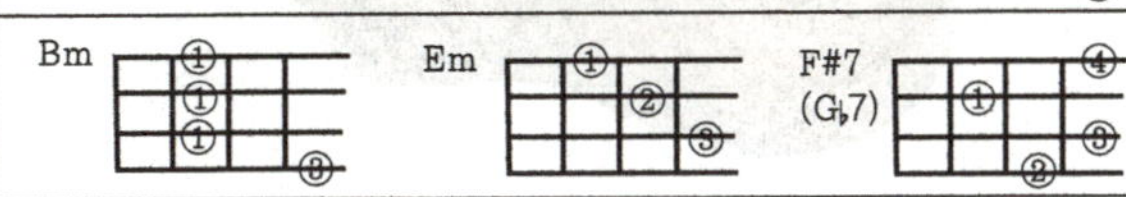
F#m 올림바 단조		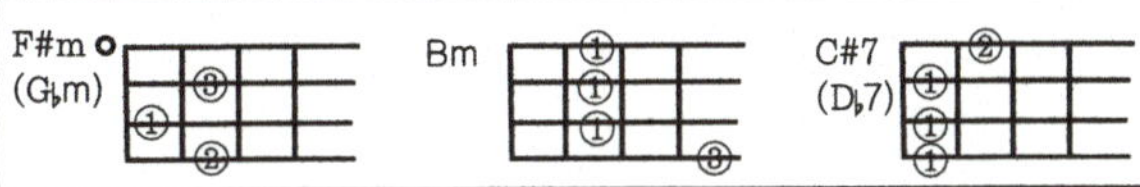
C#m 올림다 단조		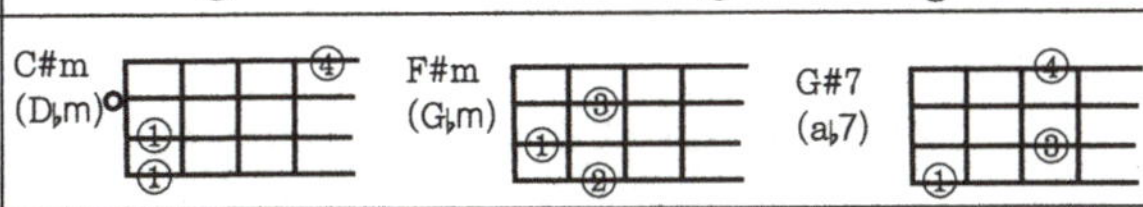
G#m 올림사 단		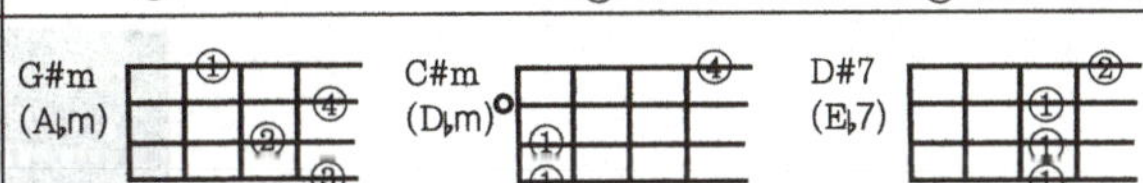
D#m 올림라 단조		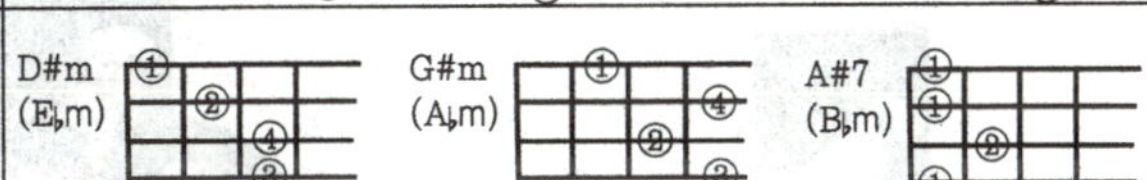
Dm 라 단조		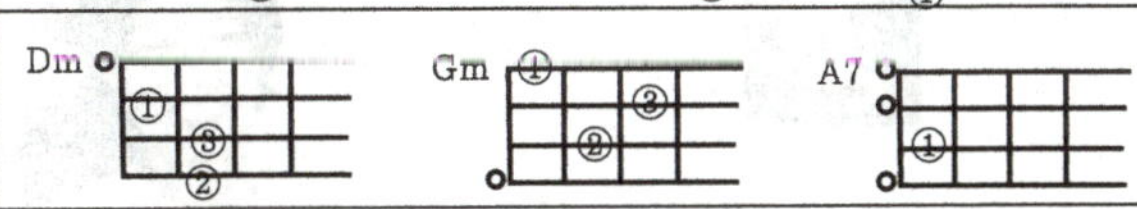
Gm 사 단조		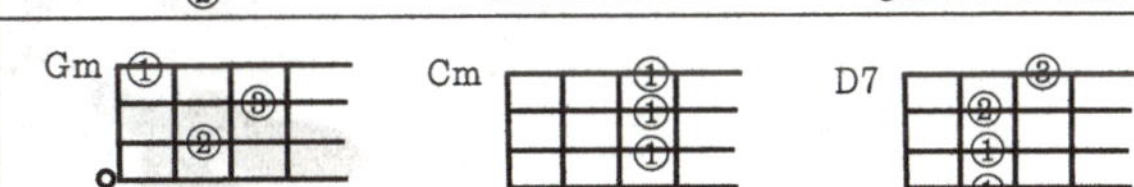
Cm 다 단조		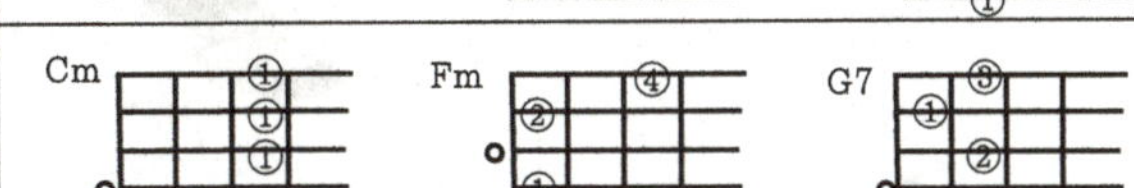
Fm 바 단조		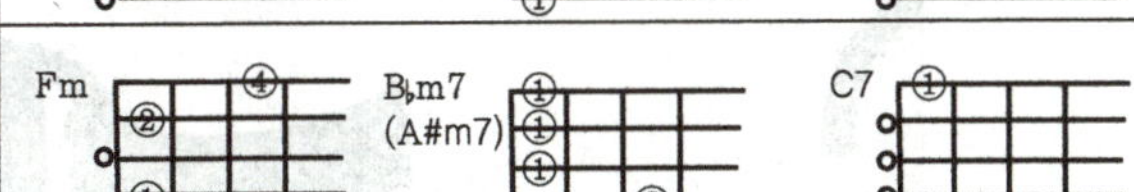
B♭m 내림나 단조		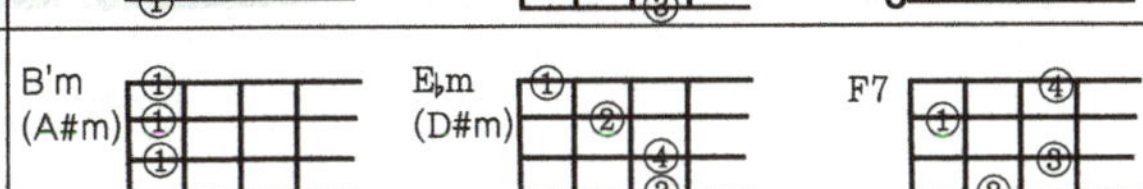

〈우크렐레〉

〈우크렐레 연주자세〉

5) 기타(guitar)

누구나 쉽게 배울 수 있고 즐길 수 있는 우리 주위에서 쉽게 접할 수 있는 악기가 기타이다. 기타는 쉽게 이동할 수 있어서 유아의 음악활동을 다양한 방법으로 이끌 수 있다. 기타 연주법은 초보자도 쉽게 배울 수 있으며 연주방법에 대한 자료 또한 주위에서 쉽게 접할 수 있을 정도로 많이 보급되어 있다.

인터넷을 통한 기타 강좌는 http://www.ezguital. net, http://guitarKorea.com 등이 있으며 기타에 대한 많은 정보를 얻을 수 있다.

제 5 장

가정에서의 유아음악교육

유아가 가장 먼저 음악을 접한 곳은 가정이다. 그래서 대부분의 가정에서는 유아를 위한 노래테이프나 악기등이 있어 가정에서 많은 음악적 경험을 한다. 다른 분야보다는 가정과 쉽게 연계교육을 이룰 수 있는 것이 바로 음악교육이다. 그러므로 가정에서 부모님들이 교육적인 방법으로 음악활동을 할 수 있도록 유아교육 기관에서 부모교육 시간이나 유인물 등으로 많은 정보를 제공하여 바람직한 음악교육이 될 수 있도록 도움을 주어야 한다.

가장 많이 이루어지고 있는 부모교육은 유아교육 기관에서 활동했던 노래의 제목이나 노랫말, 악보등을 적거나 유아들이 불렀던 노래를 녹음하여 가정으로 보내어 부모님과 함께 불러 볼 수 있도록 하는 방법이다.

지역사회에서 이루어지고 있는 음악관련 행사인 음악회나 뮤지컬 등을 주기적으로 알려주는 것도 부모님들에게는 많은 도움이 된다. 행사의 장소, 내용, 시간, 교육적인 가치, 팜플렛, 음악회장에 가기 위해 필요한 것, 음악회장에서 지켜야 할 일, 다음 음악회 일정 등을 가정에 보내어 안내 해 준다.

음악관련 장소에 부모님과 함께 간다. 예를들면 유아를 위한 노래테이프나 CD를 살 때 유아와 함께 가서 선택한 이유, 가격이 얼마인지, 누가 불렀는지, 누가 반주했는지, 어느 회사에서 만들었는지 등 유아와 음악에 관련된 이야기를 하면서 유아의 음악에 대한 생각을 알 수 있는 기회로 삼는다.

〈전주 세계소리 축제 중 어린이 소리축제에 관한 팜플렛〉

(전주시 주관으로 전주시 전역에서 매년 열리는 소리 축제는 세계의 음악이나 악기, 다양한 소리등을 경험할 수 있으며, 어린이 소리축제(소리야 놀자)도 포함되어 있어 유아들이 관람하면 많은 음악적 요소들을 경험할 수 있다. 행사안내 및 내용은 전주시 홈페이지에 들어가면 안내 받을 수 있다)

〈어린이 소리축제 중 소리야 놀자 팜플랫〉

〈 강릉 참소리 박물관에서 〉
강원도 강릉시 송정동에 소재한 참소리 박물관은 손성목씨에 의해 수십 년 간 전 세계를 여행하면서 모은 세계 최대이며 귀한 축음기 4천여대와 진귀한 명품들, 축음기에 관한 기록과 사진자료 7천여점이 있으며, 뮤직 박스도 준비되어있어 웅장한 음악을 들으며 동영상 영화도 감상할 수 있다.

가족들이 좋아하는 노래나 악기연주를 조사하여 오도록 하거나, 가족이 함께 불러 녹음한 테이프나 비디오 테이프를 가져와 유아교육기관에서 시청할 수 도 있다.

음악을 전공한 학부모님들에게 부탁하여 유아교육 기관에서 유아들에게 음악회 관람을 경험시킨다.

트렘펫 연주

에버랜드 야외 음악세트

제 6 장

실 제

음악감상

활동 1 숲 속의 대장간

장 르 고전음악

준비물 미헬리스의 "숲속의 대장간" 음악, 주방기구(젓가락, 숟가락, 빨래판 등 소리나는 주방기구), 김홍도의 "대장간" 그림

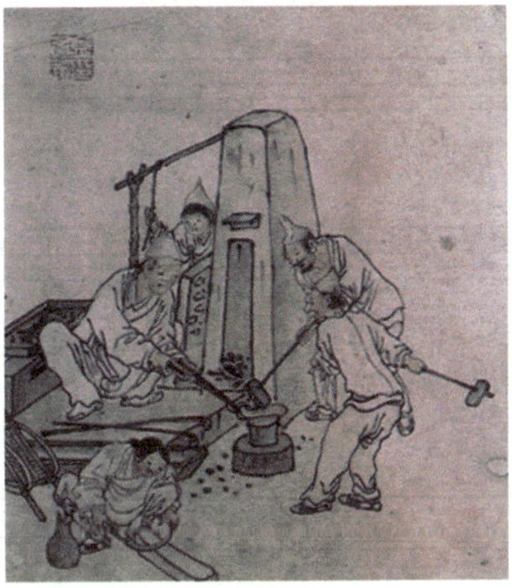

활동방법

1. 김홍도의 대장간 그림을 감상한다.
   - 무엇을 하고 있는 그림이니?
   - 이 사람들처럼 흉내내어 볼까?
   - 손에 들고 있는 것은 무엇일까?
   - 손에 들고 있는 것을 두드리면 무슨 소리가 날 것 같니?
   - 대장간은 무엇을 하는 곳인 것 같니?

2. 주방기구로 소리를 만들어 본다.
   - "무슨 소리날까요?" 노래를 불러 본다.

     " 무슨 소리날까요?"

무슨 소리날까요?

---

③ 노랫말을 바꾸어 노래부르며 소리를 내어 본다.

- 숟가락을 두드리면 무슨 소리날까요? (숟가락을 두드린다.)
- 빨래판을 긁으면 무슨 소리날까요? (빨래판을 막대기로 긁는다.)
- 젓가락을 두드리면 무슨 소리날까요? (젓가락을 두드린다.)

④ 숲속의 대장간 음악을 들어본다. (쇠 소리가 나는 부분을 앞 뒤로하여 2-3 분내로 편집한다.)

- 음악을 들어본다.
- 음악을 들으면서 두드리면 나는 소리를 찾아볼까?
- 소리를 찾으면 손으로 두드리는 흉내를 내어 볼까요?
- 이번에는 주방기구로 두드리는 흉내를 내어 볼까요?
- 대장간의 사람들처럼 신나게 두들겨 보아요

활동 2 사물놀이(풍물굿)

장 르 우리나라 전통음악

준비물 사물놀이(풍물굿)음악, 북, 장구, 징, 꽹과리, 사물놀이 공연을 담은 비디오 테이프

활동방법

1. 사물놀이 공연을 담은 비디오 테이프를 시청한다.
   - 사람이 모두 몇 명이니?
   - 악기는 모두 몇 개이니?
   - 악기 이름을 말할 수 있겠니?

2. 악기를 관찰한다.
   - 무엇으로 만들었을까?
   - 어떤 소리가 났었니?
   - 입으로 소리내어 보겠니?
   - 어디를 두드릴까?
   - 이 악기는 무엇으로 두드릴까?

3. 북, 장구, 징, 꽹과리 중 악기를 선택하여 자유롭게 두드린다.
   - 무슨 소리가 나니?
   - 입으로도 소리를 내어 볼 수 있겠니?
   - 비디오에서 본 사람처럼 신나게 두드려 보겠니?

4. 악기를 바꾸어 가면서 두드려 본다.
5. 음악을 들으면서 자유롭게 연주해 본다.

징

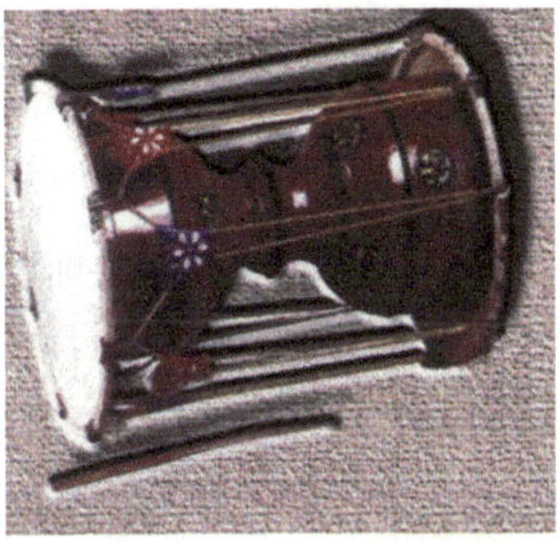

장구

북

꽹과리

| 참고 |

사물놀이에 관한 이야기

북, 장구, 징, 꽹과리의 네 종류의 민속타악기로 연주되는 음악을 사물놀이라고 하는데, 악기가 모두 네 개여서 "사물놀이" 라고 사람들이 부르는 거예요. 음악이 처음에는 느리게 연주하다가 점점 갈 수로 빨라지면서 사람들이 점점 더 신이 나고 즐겁게 되는 음악이죠. 옛날에는 우리나라에서만 사물놀이 음악을 들을 수 있었는데 지금은 세계 여러 나라에서 우리나라 사람들이 연주를 하게 되어서 세계의 많은 사람들도 사물놀이 음악을 들을 수 있답니다.

활동 3 축배의 노래

장 르 오페라

준비물 베르디의 "축배의 노래" 오페라 음악이나 녹화된 비디오 테이프
핸드폰, 유아 1인당 1개의 플라스틱 컵, 쥬스, 생일축하(과자파티) 분위기

활동방법

1. 핸드폰을 이용하여 여러 음악을 들어본다.
   - 무슨 음악인지 알 수 있니?
   - 어디서 들어보았니?

2. 축배의 노래를 찾아 들어 본다.
   - 오늘 00의 생일잔치여서 즐거운 축제 분위기가 나는 음악을 듣고 싶은데 어떤 음악이 어울릴까?
   - 이 음악은 축배의 노래라고 해
   - 들어볼까?
   - 어떤 느낌이 드니?

3. 노래에 대한 이야기를 들려준다.
   - 이 음악은 즐거운 날이나 축하해주는 날에 음식을 먹으면서 즐겁게 노래부르며 듣는 음악이야
   - 오늘 친구들의 생일날인데 우리도 이 음악을 들으면서 즐거운 분위기를 만들어 볼까?

4. 카세트나 CD 또는 비디오 테이프를 보면서 흉내내면서 쥬스, 음식 등을 먹는다.
   - 핸드폰으로 들었을 때와 어떻게 다르니?
   - 사람들이 음식을 먹기 전에 무엇이라고 축하를 하니?

- 오늘 생일 맞은 친구들에게 축하의 말과 노래를 불러 보자
- 무슨 노래를 불러줄까?
- 어떤 말로 축하를 해 주고 싶니?
- 음악에 맞추어 춤을 추어 볼까?
- 이번에는 2-3명씩 손을 잡고 뱅뱅 돌면서 춤을 추어 볼까?

| 참고 |

축배의 노래에 관한 이야기

이탈리아에 사는 베르디라는 사람이 음악을 만들었는데, 베르디는 굉장히 유명했던 "춘희"라는 제목의 소설책을 읽고 감동을 받아서 오페라로 이 음악을 만들었데요. 파티에서 즐겁게 춤을 추면서 이야기도 하고 노래도 부르면서 축하해 주는 내용을 담고 있어요.

활동 4 봄

장 르 대중음악

준비물 유 열의 "봄" 노래, 휴대용 카세트나 CD 플레이어, 봄에 관한 그림

활동방법

1 봄에 관한 이야기를 나눈다.
- 봄에 볼 수 있는 꽃은 무엇이 있을까?
- 봄 동산에 가면 무엇이 있을까?
- 나무가 어떻게 변했니?

2 "봄" 노래를 들어본다.
- 노래를 듣고 생각나는 말이 있니?
- 어떤 말이 가장 많이 나오니?
- 이 노래에 제목을 붙인다면 어떤 말이 가장 어울릴까?

3 실외에서 노래를 들으며 봄 동산을 돌아본다.

〈노랫말〉

봄

저 넓은 들판에 파랗게 새봄이 왔어요.
가로등 그늘 밑에도 새 봄이 왔어요.
모두들 좋아서 이렇게 신바람 났는데
아이야 우리 손잡고 꽃 구경 가자구나
한방울 두방울 내리는 봄비를 맞으며
개나리 진달래 잠깨워 모두들 노래 부르네
봄봄봄봄 봄이 왔어요. 우리들 마음속에도
봄봄봄봄 봄이 왔어요. 봄이 왔어요.

활동 5 진달래 꽃

장 르 락음악

준비물 마야의 " 진달래 꽃", 김소월의 "진달래 꽃"시, 봄에 피는 꽃에 관한 그림

활동방법

1 봄에 피는 꽃에 관한 그림을 보고 이야기한다.

2 김소월의" 진달래 꽃"의 시를 읽어준다.

- 이 것은 김소월이라는 시인이 지은 시예요
- 시는 사람의 생각을 짧은 글로 나타내는 것이예요
- 이 시는 아주 친하게 지냈던 사람과 헤어지게 되어 마음이 슬프다는 내용이 들어있어요.

3 마야의 "진달래 꽃"을 들어본다.

- 시를 노래로 만들어 부를 수도 있구나
- 그런데 이 노래는 다른 노래와 부르는 방법이 어떻게 다르니?
- 그래, 어떤 노래는 부드럽고 조용하게 부르기도 하지만 이 노래는 소리를 지르는 것처럼 크게 노래를 부른단다. 같은 노래도 여러 가지 방법으로 노래를 부를 수 있어

4 유아에게 익숙한 부분(나 보기가 역겨워 가실 때에는 말 없이 고이 보내 드리오리다. 영변약산 진달래 꽃 아름 따다 가시는 길에 뿌리오리다.) 편집하여 불러보게 한다.

- 이 노래를 부르는 가수처럼 소리를 지르면서 불러볼까?
- 이번에는 부드럽고 조용하게 불러볼까?

〈노랫말〉

진달래 꽃

나 보기가 역겨워 가실 때에는
말 없이 고이 보내 드리오리다.
영변 약산 진달래 꽃
아름 따다 가시는 길에 뿌리오리다.
가시는 걸음 놓인 그 꽃을
사뿐히 즈려 밟고 가시 옵서서
나 보기가 역겨워 가실 때에는
죽어도 아니 눈물 흘리 오리다.

활동 6 아기코끼리 걸음마

장 르 영화음악

준비물 헨리 만시니의 "아기 코끼리 걸음마" (영화, 하타리의 주제곡)
코끼리 머리 가면, 코끼리의 걸어가는 모습 등 다양한 행동이 담긴 비디오 테이프, 움직이는 장난감 로버트

활동방법

1. 코끼리에 관한 비디오를 보고 이야기한다.
   - 코끼리가 어떻게 걸어갔니?
   - 코끼리가 걸어가면서 어디를 움직였니?
   - 코끼리보다 더 빠르게 걸을 수 있는 동물은 어떤 동물이 있을까?
   - 코끼리 보다 더 느리게 걸을 수 있는 동물은 어떤 동물이 있을까?

2. 코끼리의 움직이는 모습을 표현해 본다.
   - 코끼리처럼 걸어 보겠니?
   - 저기에 바나나가 있네, 코끼리가 어떻게 걸을까?
   - 아기 코끼리를 만났어요. 코끼리가 어떻게 할까?
   - 코끼리가 너무 많은 길을 걸어서 힘든가 봐 어떻게 걸을까?
   - 코끼리 등에 짐이 아주 많이 실어 있네요. 코끼리는 어떻게 걸을까?

3. 로버트가 움직이는 모습을 관찰한다.
   - 너희들이 알고 있는 것 중 코끼리와 비슷하게 걷는 것은 무엇이 있을까?
   - 로버트는 어떻게 걷는지 잘 살펴보자
   - 로버트가 걷는 모습을 흉내내어 보겠니?
   - 코끼리가 걷는 것과 어떤 차이가 있니?

4. 음악에 맞추어 자유롭게 걸어본다.

〈노랫말〉

아기 코끼리 검음마

이리저리 비틀 비틀 가네
힘이들어 비틀 비틀 가는 저 코끼리
어찌하면 빨리 갈 수 있나 생각하며
랄랄 라라라라 랄랄
랄랄 라라라라 랄랄 가네
이리저리 비틀거리며
비틀비틀 비틀비틀 비틀비틀 비틀비틀

숨소리가 커지면서 가네
언덕너머 고개너머 가는 저 코끼리
언젠가는 나도 클 수 있다 생각하며
랄랄 라라라라 랄랄
랄랄 라라라라 랄랄 가네
이리저리

활동 7 네모의 꿈

장 르 대중음악

준비물 유형석의“ 네모의 꿈”, 노랫말에 들어있는 네모모양의 물건과 세모, 동그라미 모양의 물건들

활동방법

1. 앞부분을 위주로 편집하여 노래를 들어본다.
   - 노랫말 중에 기억난 말들을 이야기 할 수 있겠니?
   - 가장 많이 나온 노랫말은 무슨 말일까?

2. 유아가 말한 노랫말을 교사가 적어본다.
   - 여기에 적힌 말들 중에 공통점은 무엇일까?
   - 노랫말 아래에 무슨 모양인지 그려 볼 수 있겠니?
   - 여기에 있는 물건들의 공통점을 찾을 수 있겠니?

3. 동그란 모양의 물건들을 찾아본다.
   - 동그란 모양의 물건들로 노랫말을 만들어 본다.

4. 세모 모양의 물건들을 찾아본다.
   - 세모 모양의 물건들로 노랫말을 만들어 본다.

5. 네모, 세모, 동그라미가 되고 싶은 것들을 그려본다.
   종이에 다양한 트기의 모양을 그려서 그 모양을 이용하여 그림을 그려본다.
   - ㅇㅇ 의 네모는 책상이 되었고, ㅇㅇ의 네모는 아파트가 되었구나
   - ㅇㅇ의 동그라미는 사람 얼굴이 되었고, ㅇㅇ의 동그라미는 꽃으로 되었구나

〈노랫말〉

네모의 꿈

1절

네모난 침대에서 일어나 눈을 떠 보면
네모난 창문으로 보이는 똑 같은 풍경
네모난 문을열고 네모난 테이블에 앉아
네모난 조간 신문을 본 뒤
네모난 책가방에 네모난 책들을 넣고
네모난 버스를 타고 네모난 건물 지나
네모난 학교에 들어서면 또 네모난 교실
네모난 칠판과 책상들
네모난 오디오 네모난 컴퓨터 TV
네모난 달력에 그려진 똑같은 하루들
의식도 못한채로 그냥 숨 만 쉬고 있는걸

2절

네모난 아버지의 지갑엔 네모난 지폐
네모난 팔플렛에 그려진 네모난 학원
네모난 마루에 걸려있는 네모난 액자와
네모난 명함의 이름들
네모난 스피커 위에 놓인 네모난 테잎
네모난 책장에 꽂혀있는 네모난 사전
네모난 서랍 속에 쌓여있는 네모난 편지
이젠 네모 같은 추억들
네모난 태극기 하늘 높이 펄럭이고
네모난 잡지에 그려진 이 달의 운수는
희망이 없는 나에게 그나마의 기쁨인가봐

후렴: 주위를 둘러보면 모두 네모난 것들뿐인데
우린 언제나 듣지 잘난 어른의 멋진 이말
세상은 둥글게 살아야 해
지구본을 보면 우리 사는 지군 둥근데
부속품들은 왜 다 온통 네모난 건지 몰라
어쩌면 그건 네모의 꿈일지 몰라

활동 8 난타

장 르 대중음악

준비물 주방기구를 포함한 두드릴 수 있는 안전한 물건, 난타 공연의 비디오

활동방법

1. 난타 공연 비디오를 시청한다.
   - 이런 장면을 어디에서 본 적 있니?
   - 이 사람들이 사용한 물건들을 말해 볼 수 있겠니?
   - 그 물건들은 어디에 주로 많이 있니?

2. 기구를 이용하여 소리를 내어본다.
   - 자유스럽게 두드려 볼까?
   - 무엇이 가장 큰 소리가 나니?
   - 천천히 두드리다가 점점 빨리 두드려 볼까?
   - 작게 두드리다가 크게 두드려 볼까?
   - 신나게 두드려 보자

3. 난타 공연 비디오나 빠른 음악에 맞추어 연주를 한다.
   - 자유스럽게 두드리거나 춤을 추어보세요.

| 참고 |

난타(NANTA)

난타란 권투시합의 난타처럼 마구 두드린다는 뜻이 예요. 우리나라 전통놀이인 사물놀이의 리듬과 비슷한 공연으로 큰 주방에서 4명의 요리가사 결혼 파티를 위한 요리를 만드는 과정에서 여러 가지 주방기구 즉 남비, 후라이팬, 접시 등을 가지고 사물놀이를 연주하는 내용입니다.

줄거리

주방장을 비롯한 세 명의 요리사가 하루 일과를 시작한다. 세 명의 요리사들이 야채를 나르고, 냉동육도 옮기고, 주방도구를 정리하는 동안, 얼굴에 심술기가 가득한 지배인이 등장하여 예정에 없던 결혼 피로연을 과제로 던져준다. 요리사들은 오후 6시까지 주문된 모든 음식을 만들어 완벽한 결혼 피로연을 준비해야만 한다. 그리고 매니저의 조카를 데려와 요리기술을 함께 가르치라는 어명을 하고 사라진다. 요리사들은 지배인의 조카가 마음에 들지 않으나, 그날의 결혼피로연을 준비해야함으로 서두르기 시작한다. 주어진 시간은 저녁 6시, 요리사들은 피로연 음식을 준비하면서 온갖 실수와 재미를 더해가며 무대는 점차 객석과 하나가 되어간다. 결혼 하이라이트인 크림케익을 만들어야 하는데 시간은 다가오고, 온갖 아이디어를 모아 마침내 요리를 만들어낸 요리사들은 결혼 피로연을 무사히 마치게 된다. 그리고 환상적인 결혼 파티가 펼쳐진다.

활동 9 고엽

장 르 영화음악

준비물 이브몽땅의 "고엽"(프랑스 대중음악) , 작곡 : 조제프 꼬스마
사계절을 나타낸 나뭇잎의 그림이나 사진, 스텐레스 그릇, 카세트나 CD플레이어

활동방법 (실내, 실외)

1. 음악을 들려준다.
   - 어디서 들어본 적 있니?
   - 어떤 느낌이 드니?

2. 사계절을 나타낸 그림과 함께 음악에 대한 배경이야기를 들려준다.
   - 가을에 나뭇잎들이 어떻게 변하지?
   - 고엽이란 단풍이 들어 떨어진 나뭇잎을 고엽이라고 부른단다.
   - 이 음악은 가을이 되면 떨어지는 나뭇잎을 보고 그 느낌을 어떤 시인이 노랫말로 만들었 단다.
   - 시인은 어떤 마음으로 이 노랫말을 만들었을 것 같니?
   - 그래서 많은 사람들이 가을이 되면 이 음악을 듣는단다.

3. 나뭇잎이 있는 실외에서 음악을 듣는다.
   - 음악을 들으면서 나뭇잎을 밟아볼까?
   - 소리가 어떻게 들리니?
   - 입으로 표현해 보자
   - 나뭇잎을 날려보기도 하고, 냄새를 맞아 보기도 하고
   - 나뭇잎 위를 달려보자

4. 안전한 곳에서 나뭇잎을 태우고 냄새를 맡아본다.

- 나뭇잎을 태우면 나뭇잎이 어떻게 될까?
- 나뭇잎이 탈 때 나는 냄새를 맡아볼까?
- 처음 맡았던 나뭇잎 냄새와 어떻게 다르니?
- 나뭇잎 색깔이 어떻게 되었니?

활동 10 비속에서의 노래

장 르 영화음악

준비물 진 캘리의 "Singing in the rain(사랑은 비를 타고)" 작곡: 레니헤이튼
우산, 비옷, 장화, 쌀

활동방법(실외, 실내)

1 비오는 날에 대한 이야기를 한다.
- 비오는 날 필요한 것은 무엇이 있을까?
- 비오는 날 밖에 나가면 무엇을 볼 수 있을까?

2 비오는 날 밖에 나간다.
- 장화를 신고, 비옷을 입고, 우산을 쓰고 밖에 나가 비속을 걸어볼까?
- 우산에 떨어지는 비 소리를 들어보자.
- 어떤 소리가 나니? 입으로 소리내어 볼까?
- 손을 내 밀어 비를 만져보자
- 어떤 느낌이 드니
- 빗물 웅덩이를 발로 밟아 보자, 물이 어떻게 되었니?

3 음악을 듣고 음악에 대한 설명을 한다.
- 음악을 들으니 어떤 느낌이 드니?
- 이 음악을 들으면서 무엇을 하면 좋을까?
- 이 음악은 영화에 나온 음악인데 이 음악에 맞추어 비를 맞으며 주인공이 노래를 부르면서 춤을 출때 나온 음악이야
- 그래서 사람들은 비오는 날 이 음악을 많이 듣는단다.

4 음악을 들으며 비오는 모습을 상상하고 춤을 춘다.
- 비 소리를 어떻게 낼 수 있을까?

- 우산에 쌀을 떨어뜨리면 어떤 소리가 날까?
- 음악을 들으며 우산을 이용해서 춤을 추어 보자.
- 우산을 펴서 앞에서 돌려보고, 어깨에 올려놓고 돌려보자
- 우산을 바닥에 놓고 우산 주위를 한 바퀴 돌아볼까?
- 우산을 들고 한발을 앞으로 내면서(호핑) 물장난을 치는 것 처럼 뛰어볼까, 음악과 잘 어울리네

비속에서 노래 해

이민경 작사 · 작곡

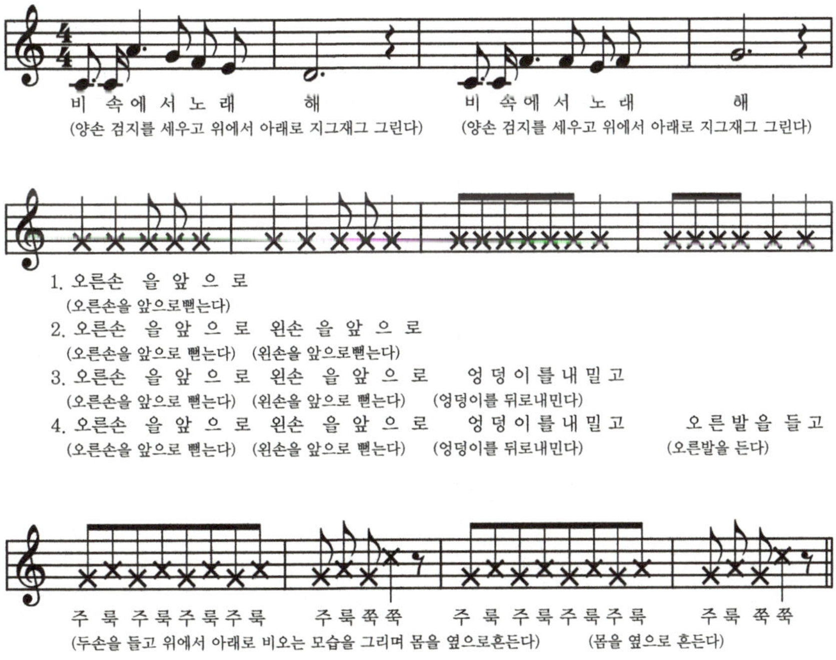

활동 11 아주 옛날에는 사람이 안 살았다는데

장 르 대중음악

준비물 꾸러기(김창완, 최성수, 임지훈, 신정숙, 윤성하, 현희 등), 작곡: 김창완
공룡에 관련된 그림자료, 모형

활동방법

1. 공룡에 관한 그림자료와 모형으로 이야기를 한다.
   - 이 공룡의 이름은 무엇일까?
   - 무엇을 먹고살까?
   - 날개가 달린 공룡은 날 수 있을까?
   - 날개 달린 공룡을 무엇이라 부를까?
   - 공룡은 무엇만큼 클까?
   - 지금도 공룡이 있을까?
   - 지금은 왜 보지 못할까?
   - 만약에 공룡이 살아서 우리 집에 온다면 어떤 일이 일어날까?
   - 공룡이랑 친구 할 수 있을까?
   - 공룡이 알에서 나올 때 어떻게 하고 나올까?

2. 음악을 들려준다.
   - 어디서 들어본 적 있니?
   - 노래를 듣고 생각나는 말을 말할 수 있겠니?
   - 어떤 말이 가장 많이 나오니?
   - 이 노래의 제목이 무엇일까?
   - 노래의 제목을 만든다면 무엇으로 만들고 싶니?

3. 음악을 들으며 공룡처럼 행동한다.
   - 공룡은 어떻게 걸을까?

- 익룡은 어떻게 날을까?
- 화산이 폭팔 했을 때 공룡은 어떻게 했을까?
- 적들이 나타나면 어떻게 할까?
- 물속에서는 어떻게 헤엄 칠까?
- 아기 공룡은 어떻게 걸을까?

〈노랫말〉

아주 옛날에는 사람이 안 살았다는데

1. 아주 옛날에는 사람이 안 살았다는데
   그럼 무엇이 살고 있었을까?
   땅속을 뒤져보면 화석이 많이 나오는데
   아주 이상한 것만 있다네
   땅덩어리도 다르게 생겨서 어느 바다는 육지 였다네
   생각해 보면 오래 전도 아니지
   겨우 몇 십만년 전 겨우 몇 백만년 전
   한 번은 아주 추워서 혼들이 났다던데
2. 아주 옛날에는 사람이 안 살았다는데
   그럼 무엇이 생겼었을까?
   공룡이 헤엄치고 익룡이 날아다니고
   아주 심심한 것 같은데
   밤 하늘에는 그래도 별이 떠 음악 소리가 끊이질 않고
   생각해 보면 재미있을 것 같은데
   사는게 아니라 노니며 즐기는 것
   그 전에 누가 살았는지 생각하지도 않고

공룡 박물관에 다녀와서

활동 12 007 메인테마 음악

장 르 영화음악

준비물 존 베리 작곡의 " 007 메인 테마(제임스 본드테마 음악)", 쵸크

활동방법

1 음악을 들려준다.

- 이 음악을 들어 본 적 있니?
- 이 음악으로 무슨 놀이를 하면 좋을까?

2 음악에 맞추어 술래잡기 놀이를 한다.

- 4-5명이 한 조가 된다.
- 술래를 정한다.
- 4-5명이 자유스럽게 놀 수 있는 크기로 바닥에 원을 그린다.
- 모두 원에 들어간 뒤 술래는 눈을 감는다.
- 술래를 중심으로 하여 주위에 둘러선다.
- 음악에 맞추어 한 번에 3발자욱(하나, 둘, 셋) 움직이고, 하나, 둘, 셋을 속으로 세며 정지한다. 이 과정을 계속 되풀이 한다. (초기에는 교사가 하나, 둘, 셋을 음악에 맞추어 움직이고 정지하는 것을 도와준다)
- 술래가 다른 친구를 잡으면 잡힌 친구가 술래가 된다.

활동 13 플라멩고

장 르 스페인 민속음악

준비물 스페인 민속음악 "플라멩고", 캐스터넷츠, 마라카스

활동방법

1 음악을 들려준다.

- 이 음악을 들어 본 적 있니?
- 이 음악을 어디에서 들은 것 같니?

2 음악에 대한 이야기를 들려준다.

- 여기저기 돌아다니면서 생활하는 사람들을 " 짚시"라고 부르는데, 여기저기 돌아다니는 사람들이 슬프고 외로울 때 노래도 부르고 춤도 추면서 슬픔과 외로움을 날래기 위해 불렀던 음악이라고 한단다.
- 그리고 이 노래는 손과 발로 리듬을 맞추면서 춤을 춘단다.
- 우리나라도 옛날에 추었던 노래와 춤이 있듯이 이 음악과 춤은 스페인이라는 나라에서 옛날에 많이 불렀던 춤과 노래로 스페인 민속음악이라고 부르기도 해.

3 음악에 맞추어 자유스럽게 춤을 춘다.

- 이 음악에 손과 발을 어떻게 움직여야 잘 어울릴까?
- 캐스터네츠와 마라카스를 어떻게 움직여야 어울릴까?

4 플라멩고의 간단하고 특징적인 동작을 배워본다.

〈 플라멩고 춤의 기본 동작〉

1. 두 사람이 마주 보고 선다.
2. 두 발을 벌리고 선 상태에서 오른 발을 약간 내민 다음 구부린다.
   두 손 바닥을 맞대고 왼쪽 귀 옆으로 한 뒤 박수를 4회친다.
   (오른쪽 왼쪽을 모두 4회 반복)
3. 제자리에서 오른 발을 굴러 바닥을 한 번 친다.
4. 두 손으로 팔짱을 낀 후 두 발 모아 왼쪽으로 앞으로 뒤로 각각 깡충뛰기를 한다.
   두 손으로 팔짱을 낀 후 발 모아 오른쪽으로 앞으로 뒤로 각각 깡충뛰기를 한다.
5. 두 사람이 마주 본 상태에서 왈츠를 치듯 왼쪽과 오른쪽으로 한 바퀴 돈다.
6. 돌면서 한 손을 들어 반짝거린다.
7. 발 앞 끝을 앞쪽에서 두 번 찍고, 뒤쪽에서 뒤 굽지를 두 번 찍는다.
8. 둘이서 마주 본 상태에서 무릎치고 손뼉치고 짝과 손뼉을 마주친다.
9. 양 손을 옆구리에 대고 엉덩이를 두 번 부딪힌다.
   (순서 없이 유아에 맞게 몇 동작만 음악에 맞추어 움직여 본다.)

〈곤봉을 이용한 마라카스〉

활동 14 캉캉

장 르 프랑스 무용음악

준비물 오펜바흐의 오페라 천국과 지옥 중 "캉캉(cancan)" 음악, 어른용 플레어 스커트나 층층이 스커트(치마 끝에 종을 단다), 총채

활동방법

1 음악을 들려준다.

- 이 음악을 들어 본 적 있니?
- 이 음악을 어디에서 들은 것 같니?

2 음악에 맞추어 자유스럽게 춤을 춘다.

- 치마를 어떻게 움직이면 음악과 잘 어울릴까?
- 발을 어떻게 하면 치마가 많이 움직일까?
- 총채를 어떻게 움직이면 잘 어울릴까?

3 캉캉의 대표적인 몇 동작을 배워본다.

① 치마를 두 손으로 잡고 위 · 아래, 옆으로 움직인다.
② 치마를 두 손을 잡고 올린 다음 한 발을 위로 올렸다 내렸다를 반복한다.
③ 두 발을 벌린 상태에서 앞으로 뒤로 몇 번 뛴다.
④ 3-4 명이 발을 맞추어 함께 해 본다.
⑤ 치마를 두 손으로 잡고 한 바퀴 빙 돈다.
⑥ 치마 대신 총채를 두 손에 각각 잡고 위에서 두 번 아래에서 두 번 움직인다.
⑦ 총채를 오른손과 왼손에 잡고 번갈아 가면서 위 · 아래로 움직인다.

(순서 없이 유아에 맞게 몇 동작만 음악에 맞추어 움직여 본다.)

〈플레어 스커트〉

만드는 방법

1. 보자기와 같은 천에 주름종이를 실로 고정시킨다.
2. 주름종이를 층층이로 고정시킨다.
3. 치마 끝 테두리에 종을 단다.
4. 치마 위 쪽에 끈을 만들어 허리에 묶을 수 있도록 한다.

활동 15 밤의 여왕

장 르 오페라 음악

준비물 모차르트의 오페라 "마술 피리" 중 " 밤의 여왕", 오페라 공연을 담은 비디오 테이프,왕관, 왕의 옷.

활동방법

1. 음악이나 공연내용을 담은 비디오 테이프를 들려준다.
   - 이 음악을 들어 본 적 있니?
   - 이 음악을 어디에서 들은 것 같니?

2. 오페라에 대해서 이야기한다.
   - 오페라란 무엇일까?
   - 말하고 싶은 내용을 노래로 전달하는 것을 오페라라고 한단다.
   - 유치원에서 끝나고 집에 가면 엄마에게 무어라고 할거니?
   - 그 말을 노래로 말 할 수 있겠니?
   - 네가 만약에 왕이라면 신하에게 뭐라고 할 것 같니?
   - 그 말을 노래로 말해 보겠니?
   - 여러 가지 이야기를 노래로 말하는 것을 오페라라고 하고 우리가 들은 오페라의 이름은 "밤의 여왕" 이라고 해

3. 음악에 대한 배경 이야기를 들려준다.
   - 이 음악에는 왕자, 밤의 여왕, 밤의 여왕의 딸, 새잡이 익살꾼 등이 나오는데, 밤의 여왕이 왕자에게 딸을 구해 오라는 내용이 들어있는 오페라야

4. 음악을 듣고 가능한 부분을 입 모양(립싱크)으로 흉내내어 본다.
   - 밤의 여왕처럼 옷을 입고 왕처럼 걸어볼 수 있겠니?
   - 음악 중 흉내내어 부를 수 있는 부분이 있니?

- 가능한 부분을 입 모양으로만 따라 불러볼 수 있겠니?

5 핸드폰 음악에 맞추어 가능한 부분을 자유스럽게 소리내어 본다.

- (아아아, 아아아아아아~~~~~~~~~~~)부분을 소리내어 흉내내어 본다.
- (아아아, 아아아아아아~~~~~~~~~~~)부분을 우우우~~~~~~~~~~, 오오오~~~~~~~~ , 랄랄랄~~~~~~~~등 다양한 방법으로 흉내내어 본다.

〈검은색으로 된 왕관과 옷〉

활동 16 껍질이 붙은 병아리의 춤

장 르 러시아 고전음악

준비물 무소르그스키의 전람회의 그림 모음 곡 중 제 5번 "껍질이 붙은 병아리의 춤" 음악, 병아리 모자 또는 병아리 모양의 머리띠 가면, 이야기(알에서 깨어나는 병아리).

활동방법

1 음악을 들려준다.
- 이 음악을 동물로 표현한다면 어떤 동물로 표현할 수 있을까?
- 왜 그렇게 생각했니?

2 음악에 대한 배경이야기를 들려준다.
- 이 음악을 만든 무소르그스키의 친헌 친구 히르트만은 회가였는데, 어느 날 갑자기 이 친구가 죽게되었어, 친구가 너무 보고 싶어서 친구가 그린 그림을 보고 있었는데, 그림을 보면서 그림을 음악으로 만들어야겠다고 생각 한 거야, 그 음악이 바로 우리가 들었던 음악인데, 친구가 그린 그림 중에서 발레를 하기 위해서 만든 옷 그림을 보고 껍질이 붙은 병아리와 비슷하다고 생각한 거야, 그래서 음악 제목을 " 껍질이 붙은 병아리의 춤"라고 짓게 되었어

3 병아리 모자를 쓰고, "알에서 깨어나는 병아리"의 야기를 듣고 음악에 맞추어 표현해 본다.
- 모두 알이 되어 병아리가 될 때까지를 몸으로 표현해 보자. 너희 들 모두 알이 되어 볼 수 있겠니? 알 속의 병아리는 어떻게 하고 있을까?
- 병아리는 알 속에서 어떻게 움직이고 있는지 이야기를 들으며 몸으로 표현해 보자.

" 알에서 깨어나는 병아리 "

어느날 알 속에서 병아리가 밖으로 나오기 위해 몸을 틀고 다리로 알 껍데기를 밀었단다. 그런데도 알이 깨지지 않아서 부리로 알 껍데기를 톡톡 깨뜨려 보았어, 그랬더니 알껍데기가 조금씩 깨지기 시작했어, 그래서 병아리는 계속 부리로 알 껍데기를 깨뜨렸더니 알 껍데기가 갈라지면서 머리가 밖으로 쏘옥 나왔단다. 이번에는 다리에 힘을 주어서 뒤로 쭈욱 밀었더니 알 껍데기가 갈라지면서 다리가 껍데기 밖으로 나왔어.

병아리는 몸에 있는 껍데기를 벗기기 위해 굴러도 보고 위 아래로 몸을 흔들어 보았어. 그래도 껍데기가 깨지지 않아서 날개에 힘을 주어 옆으로 쭈욱 밀었더니 껍데기가 모두 깨져버렸어. 병아리는 일어나서 다리에 힘을 주고 걸으려고 해도 잘 길을 수 없었어. 그래도 병아리는 섰다가 넘어져 다시 일어나서 걸었더니 아주 잘 걷게 되었단다.

- 너희들이 병아리였을 때 알 껍데기를 깨고 밖으로 나오기가 어땠니?
- 날개가 껍데기 밖으로 나왔을 때는 기분이 어땠니?
- 병아리가 처음에는 왜 잘 걷지 못했을까?

활동 17 캥거루

장 르 프랑스 고전음악

준비물 생상스의 동물의 사육제 중 제 6곡 "캥거루", 보자기, 캥거루 인형이나 동물인형, 캥거루 사진

활동방법

1 음악을 들려준다.

- 이 음악을 동물로 표현한다면 어떤 동물로 표현할 수 있을까?
- 왜 그렇게 생각했니?

2 음악에 대한 배경이야기를 들려준다.

- 이 음악을 만든 생상스가 여행을 하던 중 우연히 어느 마을에서 동물들을 위한 축제(동물의 사육제)를 하고 있는 것을 보게 되었어, 그 축제를 보고 동물들에 관한 음악을 만들어 야겠다고 생각을 한 거지, 그래서 여러 가지 동물들을 아주 우스꽝스럽고 재미있게 음악으로 표현하게 되었어, 그 중에 한 곡이 캥거루를 나타내는 음악인데 그 음악이 우리가 들었던 음악이야

3 음악에 맞추어 캥거루의 모습을 표현해 본다.

- 캥거루는 어떤 모습으로 뛰지?
- 보자기로 주머니를 만들어 목에 걸고 보자기 안에 캥거루 인형을 넣으면 아기를 안은 캥거루 모습과 비슷한 모양이 되겠네
- 우리 모두 캥거루가 되어 음악에 맞추어 뛰어 볼까?

활동 18 숲속의 뻐꾸기

장 르 프랑스 고전음악

준비물 생상스의 동물의 사육제 중 제 9곡 "숲속의 뻐꾸기", 새 그림의 머리띠 가면

활동방법

1 음악을 들려준다.

- 이 음악을 들으니 어디가 생각나니?
- 이 음악을 동물로 표현한다면 어떤 동물로 표현할 수 있을까?
- 왜 그렇게 생각했니?

2 음악에 대한 배경이야기를 들려준다.

- 이 음악을 만든 생상스가 여행을 하던 중 우연히 어느 마을에서 동물들을 위한 축제(동물의 사육제)를 하고 있는 것을 보게 되었어, 그 축제를 보고 동물들에 관한 음악을 만들어야겠다고 생각을 한 거지, 그래서 여러 가지 동물들을 아주 우스꽝스럽고 재미있게 음악으로 표현하게 되었어, 그 중에 한 곡이 숲속의 뻐꾸기를 나타내는 음악인데 그 음악이 우리가 들었던 음악이야

3 뻐꾸기 가면을 쓰고 음악에 맞추어 뻐꾸기의 모습을 표현해 본다.

- 뻐꾸기는 어떻게 소리를 내지?
- 뻐꾸기를 입으로 소리 낼 수 있겠니?
- 음악을 들으면서 뻐꾸기가 우는 부분에서 뻐꾹하고 소리를 낼 수 있을까?
- 음악을 들으면서 뻐꾸기가 우는 부분에서 양쪽 어깨를 올렸다 내릴 수 있을까?
- 음악을 들으면서 뻐꾸기가 우는 부분에서 고개를 앞으로 숙였다 들 수 있을까?

– 음악을 들으면서 뻐꾸기가 우는 부분에서 양 손을 편 다음 손목을 굽혔다 펼 수 있을까?

활동 19 백조의 호수

장 르 러시아 발레음악

준비물 차이코프스키의 "백조의 호수" 1악장, 발레공연은 담은 비디오, 발레 명화, 막대 리본 끈

활동방법

1 음악을 들려준다.

- 이 음악을 들어 본 친구 있니?
- 이 음악을 들으니까 어떤 느낌이 드니?

2 음악에 대한 배경이야기를 들려준다.

- 이 음악은 왕자가 20살 되는 생일 날, 생일 파티를 한 후 밖으로 나갔는데 숲 속의 호수에서 백조가 사람의 모습으로 변하는 모습을 보게 된거야, 그래서 백조를 사람으로 만들기 위해서 백조와 왕자가 결혼하기로 약속을 했어, 그런데 마녀가 방해를 하는 이야기가 담긴 음악인데, 오늘 들은 음악은 왕자가 호수에서 백조들을 처음 보았을 때 백조들이 춤을 추고 아름답게 노는 모습을 음악으로 만든 것인데, 발레를 하면서 백조를 표현한 발레음악이야

3 발레 공연의 비디오를 보고 발레에 대해서 이야기한다.

- 발레를 신나고 재미있게 하기 위해서 무엇이 필요할까?
- 만약 발레를 하는데 음악이 없다면 발레하는 사람은 어떻게 될까?

4 발레 공연의 비디오를 보면서 음악에 맞추어 자유스럽게 표현해 본다.

- 어떻게 움직이고 있니?
- 리본 끈을 움직이면서 함께 춤을 추어 볼까?
- 발 끝을 어떻게 하는지 흉내내어 볼 수 있을까?

- 두 팔은 어떻게 움직이니?

활동 20 수탉과 암탉

장 르 프랑스 고전음악

준비물 생상스의 동물의 사육제 중 제 2곡 , “수탉과 암탉”, 닭벼슬 모양의 머리띠 가면, 로지의 산책 그림책(한국 몬테소리, 글 · 그림 퍼트리샤 허친스)

활동방법

1. “로지의 산책” 그림책을 들려준다.
   - 암탉 로지가 산책 갔던 길을 이야기 할 수 있겠니?
   - 암탉은 어떤 닭을 말하는 걸까?
   - 수탉은 어떤 닭을 말하는 걸까?

2. 음악을 들려준다.
   - 이 음악을 만든 생상스가 여행을 하던 중 우연히 어느 마을에서 동물들을 위한 축제(동물의 사육제)를 하고 있는 것을 보게 되었어, 그 축제를 보고 동물들에 관한 음악을 만들어 야겠다고 생각을 한 거지, 그래서 여러 가지 동물들을 아주 우스꽝스럽고 재미있게 음악으로 표현하게 되었어, 그 중에 한 곡이 암탉과 수탉을 나타내는 음악인데 그 음악이 우리가 들었던 음악이야

3. 닭벼슬 모양의 가면을 쓰고 음악에 맞추어 암탉 로지가 어떻게 산책을 했는지 표현해 본다.
   - 암탉 로지가 산책을 나갔어요
   - 마당을 가로 질러서
   - 연못을 빙~~~~ 돌아서
   - 방앗간을 지나서
   - 울타리를 지나서

- 벌통 밑으로 가서
- 저녁밥을 먹을 시간에 집으로 돌아왔어요.
- 집에 돌아온 로지는 무엇을 하였을까요?

활동 21 강아지 월츠

장 르 폴란드 고전음악

준비물 쇼팽의 월츠 제 6번 "강아지 월츠", 방울 달린 리본 끈

활동방법

1 음악을 들려준다.

- 이 음악은 어떤 느낌이 드나요?
- 이 음악을 듣고 생각나는 동물이 있나요?

2 음악에 대한 배경이야기를 들려준다.

- 이 음악을 만든 쇼팽에게는 죠르즈 상드라는 여자 친구가 있었어요. 쇼팽이 친구 집에 놀러 갔을 때 강아지가 즐겁게 뛰노는 모습을 보고 만든 음악인데, 강아지가 꼬리를 흔들며 노는 듯한 모양을 음악으로 표현하고 있어요.

3 유아 두 명이 1조(강아지 주인과 강아지)가 되어 음악을 들으며 강아지처럼 움직여 본다.

- 강아지 주인과 강아지로 나누어서 움직여 볼까요?
- 강아지가 된 친구는 허리 뒤쪽에 리본 끈을 메달아 보세요
- 자유롭게 춤을 추다가 강아지가 즐겁게 뛰노는 모습이 떠오르면 강아지의 꼬리를 잡아보는 거예요.

활동 22 자장가

장 르 자장가

준비물 브람스의 자장가, 슈베르트의 자장가, 모차르트의 자장가, 우리나라 전통 자장가, 아기인형, 인형을 덮을 수 있는 작은 수건

활동방법

1. 음악을 들려준다.
   - 이 음악을 들어 본 적 있니?
   - 이 음악은 어떤 느낌이 드나요?
   - 이 음악을 어디에 사용하면 좋을 것 같니?

2. 음악에 대한 배경이야기를 들려준다.
   - 이 음악은 엄마와 아빠가 아기를 잠 재울 때 불러주는 노래에요. 잔잘 때 불러주는 노래를 장가라고 해요.
   - 잘 자라 잘 자라

3. 음악을 들으며 아기(인형)를 재운다.
   - 아기 인형을 안고 엄마처럼 자장가를 들려주며 잠을 재워 볼까?

활동 23 둥개 둥개 둥개야

장 르 우리나라 자장가

준비물 "둥개 둥개 둥개야" 자장가(작사 · 작곡 : 미상), 보자기, 아기인형, 인형을 덮을 수 있는 작은 수건

활동방법

1 음악을 들려준다.

- 이 음악을 들어 본 적 있니?
- 이 음악은 무엇을 할 때 사용하면 좋을 것 같니?

2 음악에 대한 배경이야기를 들려준다.

- 이 음악은 옛날부터 우리 조상들이 아기를 재울 때 불러주는 자장가야
- 아기를 안거나, 등에 업고 이 노래를 불러 주셨어

3 음악을 들으며 아기(인형)를 재운다.

- 아기 인형을 안고 엄마처럼 자장가를 들려주며 잠을 재워 볼까?
- 아기 인형을 업고 할머니처럼 자장가를 들려주며 잠을 재워 볼까?

〈노랫말〉

둥개 둥개 둥개야

둥개 둥개 둥개야
두둥 둥개 둥개야
날아가는 학선아
구름 밑에 신선아

얼음 밑에 수달피
썩은 나무에 부엉이
둥개 둥개 둥개야
두둥 둥개 둥개야

활동 24 인어공주

장 르 영화음악

준비물 만화영화 "인어공주" 의 삽입곡 "Under the sea" (작사 : 알렌 멘겐, 작곡 : 하워드 에 쉬만), 비디오 테이프, 물고기, 문어, 낚지, 바위, 물풀, 오징어 등의 머리띠 가면, 바닷속 환경, 인어공주 동화책

활동방법

1. 동화책 "인어공주"를 들려준다.

2. 만화영화 "인어공주" 비디오를 보여준다.
   - 영화를 보면서 들리는 음악을 잘 들어보자
   - 영화의 바다 속에 어떤 동물들이 나왔었니?
   - 동물 이외 또 무엇이 나왔었니?

3. 만화영화 "인어공주" 비디오를 보면서 음악에 맞추어 춤을 추어본다.
   - 물고기, 문어, 낚지, 바위, 물풀, 오징어 등의 머리띠 가면을 머리에 써 보자
   - 우리 모두 바다속으로 들어가 볼까?
   - 바다속으로 들어가 자유롭게 춤을 추워 보자, 물고기는 어떻게 헤엄을 칠까?
   - 문어는 어떻게 춤을 추지?
   - 바다속의 물풀은 어떻게 하고 있을까?
   - 갑자기 바다속이 바람에 출렁거리기 시작했어요.
   - 물고기와 문어가 부딪쳤네요.
   - 다른 물고기들은 물 풀 사이를 지나고 있네요.

활동 25 피노키오

장 르 광고음악

준비물 가수 다니엘 비델의 "피노키오(Pinocchio)"

유아 1 인당 리듬 막대 2 개 또는 캐스터 네츠

활동방법

1 음악을 들려준다.

- 이 음악을 어디서 들어 본 적 있니?
- 이 음악을 들으니 어떤 느낌이 드니?
- 텔레비전에서 무엇을 광고할 때 나왔었니?

2 음악을 다양한 방법으로 표현해 본다.

- 이 음악에서 나는 소리를 입으로 내이 볼 수 있겠니?
- 다른 방법으로 소리내어 볼 수 있을까?

3 음악을 들으며 가능한 부분을 자유스럽게 표현해 본다.

- 음악을 들으면서 두드리고 싶은 부분이 나오면 두드려 보세요.
- 손 끝으로 얼굴의 볼을 두드려 보겠니?
- 책상을 손바닥으로 두드려 보겠니?
- 손바닥으로 무릎을 두드려 보겠니?
- 발바닥으로 교실 바닥을 두드려 보겠니?
- 캐스터네츠나 리듬 막대로 두드려 보겠니?
- 친구와 두 손을 세워서 마주 쳐보겠니?

활동 26 산도깨비

장 르 고전음악을 응용한 대중음악

준비물 슬기둥 노래집에 실린 " 산도깨비" (작사 · 작곡 : 조광제)
노랫말, 도깨비 탈, 도깨비 방망이

활동방법

1 음악을 들려준다.

- 이 음악을 들으니 어떤 느낌이 드니?
- 생각나는 노래 말은 무엇이니?
- 노래 제목은 무엇일 것 같니?

2 노랫말을 들어본다.

- 노랫말을 들어보니 지금은 어느때 인 것 같니?
- 어디를 걸어가고 있었니?
- 왜 깜짝 놀랐을까?

3 음악을 들으며 노래를 불러본다.

- 이 음악은 다른 음악과 무엇이 다르니?
- 무슨 말인지 모르는 노랫말은 무엇이니?
- 어느 부분이 가장 재미있니?
- 어느 부분이 가장 어렵니?

4 유아 2명이 걸어가는 사람과 도깨비가 되어 노래를 들으면 자유스럽게 움직여 본다.

- 밤중에 산길을 걸어가는 사람은 어떻게 해야 할까?
- 머리에 뿔 달린 도깨비가 방망이 들고서 나타나는 모습은 어떻게 표현하고 싶니?

- 깜짝 놀라 두 눈은 꼭 감고, 가슴은 콩당 콩당 걸음아 나 살려라 부분은 어떻게 표현하면 좋을까?
- 에루아 둥둥을 어떻게 움직여야 가장 잘 어울릴까?

〈노랫말〉

달빛 어스름 한 밤중에
깊은 산길 걸어가다
머리에 뿔 달린 도깨비가
방망이 들고서 에루아 둥둥

깜짝 놀라 바라보니
틀림 없는 산도깨비
에고야 정말 큰일 났네
두 눈을 꼭 감고 에루아 둥둥

저 산도깨비 날 잡아 갈까
가슴 소리는 콩당 콩당
걸음아~ 날 살려라~
꽁지 빠지게 도망갔네

활동 27 월드컵 응원가

장 르 응원가

준비물 클론의 "월드컵 응원가"(작사 · 작곡 : 김창환)
총채, pet 병으로 만든 마라카스, 태극기

활동방법

1. 음악을 들려준다.
   - 이 음악을 들은적이 있니?
   - 언제 이 음악을 들었었니?
   - 이 음악은 무엇을 할 때 부르면 좋을까?

2. 음악을 들으며 " 야, 야야야" 부분에서 다양한 방법으로 표현해 본다.
   - 응원을 해 본 적 있니?
   - 응원할 때 필요한 것은 무엇이 있을까?
   - 노래를 듣다가 " 야, 야야야" 부분에서 응원하는 것처럼 자유스럽게 움직여 보세요
   - 총채를 들고 흔들면서 응원해 볼까?
   - 마라카스로 소리를 내면서 응원해 볼까?
   - 태극기를 흔들며 응원해 볼까?

3. 음악을 들으며 선생님을 따라 몸을 움직여 본다.

작사/작곡 : 김창환
기획사 : IK POP

가사	동작	동작설명
전주부분		마카라스를 돌리고 마주친다(네박자) 양쪽 번갈아 가면 점점 내린다(네박자)
한국의 전사들이 나간다 다함께 (야-야-야야)		한손을 밑으로 네박자 점점 내린다.(오른쪽, 왼쪽)
동방이 횃불들이 모였다 다함께 (야-야-야야)		가슴 앞에서 지그재그 만든다
모두다 힘을 모아 하나로 뭉쳐서 (야-야-야야)		옆으로 세번 걸어가고 네박에 마카라스 친다.
동방에 백의민족 기상을 높여라 (야-야-야야)		앞으로 세박 가서 4박에 마카라스친다.
붉은 태양 단군의 후예가 나간다 모두다 길을 비켜라		※ 한손씩 흔들다가 양손을 흔든다.
붉은 전사 태극기 휘날리면서 한국의 기상을 세계에 떨쳐라		※마카라스를 밑에서 위로 지그재그 움직인다.
꼬레아 아리아리랑 오에헤야디야 오에헤야디야 꼬레아 아리아리랑 오에헤야디야 오에헤야디야		※반복
K.O.R.E.A. 꼬레아화이팅(오----) K.O.R.E.A. 꼬레아화이팅(오----)		가사 박자에 맞춰 마카라스를 친다(두번 반복)

출처 : 한국유아체육학회

활동 28 발로차

장 르 응원가

준비물 클론, 엄정화, 홍경민의 " 발로차" (붉은 악마 응원가)
총채, 축구공, 샌드블럭

활동방법

1. 음악을 들려준다.
 - 이 음악을 들어 본 적이 있니?
 - 언제 이 음악을 들었었니?
 - 이 음악은 무엇을 할 때 부르면 좋을까?
 - 어떤 운동경기를 나타내는 음악일까?

2. 음악을 들으며 자유스럽게 몸으로 표현해 본다.
 - 축구를 해 본 적 있니?
 - 음악을 들으면서 축구했던 모습을 표현해 보세요.
 - 공을 차면서 표해 볼 수 있겠니?

3. 응원을 한다.
 - 총채로 어떻게 응원해 볼까?
 - 샌드블럭으로 어떻게 응원해 볼까?

4. 음악을 들으며 선생님을 따라 몸을 움직여 본다.

〈샌드 블럭〉

가사	동작	동작설명
전주부분		제자리에서 가볍게 걷다가 뛴다.
발로차(soccer) 발로차(soccer) We are the champion 발로차(soccer) 발로차(soccer) We are the champion		· 옆으로 뛰어 갔다가 한 쪽 발을 앞으로 찬다(축구하는 모습을 흉내) · 하모니카 부는 모습을 하며 앉았다가 일어난다.
세계의 시선이 다 여기에 지구촌 축제를 시작하자		· 양손으로 크게 원을 그린다 양손을 위에서 아래로 지그재그로 움직인다.
세계의 평화 우리는 하나가 되어 한마음 한 뜻으로 외치자	//	//
발로차(soccer) 발로차(soccer) We are the champion 발로차(soccer) 발로차(soccer) We are the champion	반복	반복
멀리 조금 더 멀리 힘차게 높이 좀 더 높이		뛰면서 큰 원을 그린다.
빠르게 좀더 빠르게 뛰어 올라 멋지게 슛을 쏴라 함성이 터진다.		수영하는 모습을 흉내 낸다.
Go Go 모두 다 일어나 Go Go 힘차게 외치자 Go Go 다함께 소리 높여		한쪽 팔을 위로 올리고 뛰면서 제자리에서 돈다.
1 2 1 2 3 4		제자리에 뛰면서 손가락으로 1 2 3 4 를 표시한다.
발로차(soccer) 발로차(soccer) We are the champion 발로차(soccer) 발로차(soccer) We are the champion	반복	반복
나가자 싸우자 정정당당 Korea, 싸워서 이기자 정정당당 Korea		손을 번갈아 가면 붐비나를 흔든다
//		양팔을 위 · 아래로 향하여 붐비나를 흔든다.
	모두 다시	반복
마무리		양손을 위로 향하여 붐비나를 흔다.

출처 : 한국유아 체육학회

활동 29 마카레나

장 르 스페인 민속음악

준비물 로스델리오의 "마카레나" (작사 · 작곡 : 안토니오 로메로), 총채

활동방법

1. 음악을 들려준다.(실외에서)
   - 이 음악을 들어 본 적이 있니?
   - 음악을 들으니 어떤 느낌이 드니?

2. 음악에 맞춰 자유롭게 움직이도록 한다.

3. 유아들을 반 원형으로 서게 한 다음 음악을 들으며 선생님을 따라 몸으로 표현해 본다.
   (양손을 이용해 단순한 동작을 반복한다)
   - 양손을 어깨위로 올린다.
   - 양손을 번갈아 가면서 앞으로 편 다음(하나, 둘, 셋, 넷) 다시 한 손씩 어깨위로 올린다(하나, 둘, 셋, 넷).
   - 양손을 번갈아 가면서 옆으로 편 다음(하나, 둘, 셋, 넷) 다시 한 손씩 어깨위로 올린다(하나, 둘, 셋, 넷).
   - 양손을 번갈아 가면서 위로 올린 다음(하나, 둘, 셋, 넷) 다시 한 손씩 어깨위로 내린다(하나, 둘, 셋, 넷).
   - "음~ , 마카레나" 부분에서는 손을 어깨, 허리, 엉덩이 등에 대고 온몸을 떨 듯이 표현한다.
   - 손동작이 익숙해지면 발을 자연스럽게 움직인다.
   - 손에 총채나 인형과 같은 가벼운 물건을 들고 팔을 움직여 본다.

활동 30 캐논

장 르 고전음악

준비물 요한 파헬벨의 "캐논", "가야금 3중주를 위한 파헬벨의 캐논" (편곡: 백대웅, 가야금 연주: 황병기), 조지 윈스턴의 디셈버에 수록된 " 캐논 변주곡", 오케스트라 연주 사진, 가야금 연주 사진, 피아노 연주 사진

활동방법

1. 오케스트라로 연주된 파헬벨의 "캐논"을 들려준다.
   - 이 음악을 들으니 어떤 느낌이 드니?
   - 이 음악을 들으면서 무슨 악기인지 들을 수 있는 악기가 있었니?
   - 이 음악을 다른 방법으로 연주한 곡을 들어볼까?

2. 가야금으로 연주된 "가야금 3중주를 위한 파헬벨의 캐논" (편곡: 백대웅, 가야금 연주: 황병기)을 들려준다.
   - 이번 음악과 조금 전에 들었던 음악과 차이점이 있니?
   - 이번 음악은 무슨 악기로 연주된 것 같니?
   - 어떤 음악이 더 마음에 드니?
   - 그 이유를 말 할 수 있겠니?

3. 피아노로 연주된 조지 윈스턴의 디셈버에 수록된 " 캐논 변주곡"을 들려준다.
   - 이번 음악과 조금 전에 들었던 음악과 차이점이 있니?
   - 이번 음악은 무슨 악기로 연주된 것 같니?
   - 세 음악 중에서 어떤 음악이 가장 마음에 드니?

가야금 연주

피아노 연주

오케스트라 연주

활동 31 쾌지나 칭칭나네

장 르 우리나라 민요

준비물 우리나라 민요 "쾌지나 칭칭나네", 쾌지나 칭칭나네 노랫말, 전지.

활동방법

1. 음악을 들려준다.
   - 이 음악을 들으니 어떤 느낌이 드니?
   - 생각나는 노랫말이 있니?
   - 따라 부를 수 있는 곳이 있니?

2. 노랫말을 읽어주고 음악에 대한 배경이야기를 들려준다.
   - 이 음악은 어떤 사람이 마음속으로 "할 일이 아직도 많은데 왜 이렇게 시간이 빨리가서, 시간이 천천히 갔으면 좋겠다" 하는 마음으로 이 노랫말을 만들었데
   - 쾌지나 칭칭이란 고기, 생선을 말하는 것이고, 칭칭은 그물에 고기가 칭칭 잡힌다는 뜻이야
   - 이 노래는 어부들이 고기를 잡으면서 즉 일을 하면서 불렀던 노래인데, 이렇게 음악은 사람들이 일을 할 때도 필요하단다.

3. 메기는 부분과 받는 부분으로 나누어 노래를 불러본다.
   - 선생님이 앞 부분을 부를 테니 너희들은 "쾌지나 칭칭 나네"를 부를 수 있겠니?
   - 그물을 잡아 당겨 고기를 잡는 것처럼 움직이면서 부를 수 있겠니?
   - 배를 젓는 모습처럼 움직이면서 부를 수 있겠니?

4. 다양하게 노랫말을 만들어 불러본다.
   - 유치원에 무엇이 가장 많지?

– 친구들이요
– 너희들은 마음속으로 무슨 생각을 가장 많이 하니?
– 노는 것이요. 먹는 것이요. 견학 가는 것이요……

→ 유치원에는 친구들도 많네, 쾌지나 칭칭 나네
친구들은 더 놀고 싶고, 쾌지나 칭칭 나네………

〈노랫말〉

쾌지나 칭칭 나네

청천 하늘에 별들도 많고, 쾌지나 칭칭 나네
또 내 가슴엔 희망도 많다, 쾌지나 칭칭 나네
서산에 지는 해를, 쾌지나 칭칭 나네
그 뉘라서 잡아매며, 쾌지나 칭칭 나네
가는 세월을 막을 손가, 쾌지나 칭칭 나네

활동 32 군밤타령

장 르 우리나라 민요

준비물 우리나라 민요 " 군밤타령 ", 군밤타령 노랫말, 보자기나 스카프, 전지.

활동방법

1. 음악을 들려준다.
   - 이 음악을 들으니 어떤 느낌이 드니?
   - 생각나는 노랫말이 있니?
   - 따라 부를 수 있는 곳이 있니?

2. 노랫말을 읽어주고 음악에 대한 배경이야기를 들려준다.
   - 이 음악은 옛날 사람들이 농사일을 하거나 고기를 잡으면서 부르는 노래란다. 일을 하면서 노래를 부르면 마음이 즐거워 일이 힘들지 않게 느껴지기 때문이야
   - 이 노랫말 중에 어떤 과일이 나오니?
   - 연평 바다는 연평이라는 마을에 있는 바다를 부르는 말이야
   - 노랫말에 생밤, 군밤이 들어 있어 노래 제목이 군밤타령이 되었단다.

3. 노래를 부르며 자유스럽게 움직인다.
   - 보자기나 스카프는 어디에서 움직여야 할까?
   - "얼사 좋네 아 좋네 군밤이요 에헤라 생율밤이로 구나" 는 어떻게 표현하면 좋을까?

4. 노랫말을 바꾸어 노래를 불러본다.
   - 노랫말에서 연평바다에 바람이 분다고 했는데 다른 곳으로 바꿔 볼까?, 어디가 좋을까?
   - 유치원 마당이요.

– 밤을 다른 과일이나 야채, 나무로 바꿔 볼까? 무엇이 좋겠니?

– 유치원 마당에 있으니까 배추로 해요, 감으로 해요.

→ 바람이 분다 바람이 불어

유치원 마당에 어허얼사 봄바람 분다

얼사 좋네 아 좋네 감이로구나

에헤라 감이로 구나

〈노랫말〉

군밤타령

바람이 분다 바람이 불어

연평 바다에 어허얼사 봄바람 분다.

얼사 좋네 아 좋네 군밤이요

에헤라 생율 밤이로 구나

노래부르기

활동 1 내 동생

준비물 동생, 엄마, 아빠, 누나, 그림카드

활동방법

1. 노랫말을 읽어보고 별명의 의미에 대해 이야기를 나눈다.
   - 별명에 대해 들어 본 적이 있나요?
   - 별명은 무엇이니?
   - 너희 가족의 별명이 있니?
   - 무엇이니?
2. 엄마그림 카드 뒤에는 꿀돼지, 아빠그림 카드 뒤에는 두꺼비, 누나 카드 뒤에는 왕자님 그림을 그리고 보여주며 노랫말을 다시 읽어본다.
3. 음에 맞추어 허밍이나 콧노래로 부른다.
4. 한 글자로 불러본다.
   - 무슨 글자로 노래를 불러볼까?
5. 음을 익힌 후 노랫말로 부른다.
6. 가족의 별명에 맞추어 노랫말을 바꾸어 불러본다.
7. 간단한 손 유희나 동작을 만들어 표현해 본다.
8. 2~3명씩 짝을 지어 유아들 앞에서 노래를 부른다.

내동생

조운파 요
최종혁 곡

활동 2 붕어 삼 형제

준비물 붕어, 오징어, 가오리 등 바다 속 동물의 머리띠

활동방법

1. '붕어' 에 대해 이야기를 나눈다.
   - 붕어를 본적이 있니?
   - 어디에서 보았니?
   - 보았던 물고기의 이름을 말해 볼 수 있겠니?
   - 바다 속에는 또 무엇이 있을까?

2. '붕어' 머리띠를 이용해 헤엄치는 모습을 흉내내어 본다.

3. '삼 형제' 의미를 이야기하고 세 명의 유아들이 '붕어' 머리띠를 하고 나머지 유아는 어항, 물풀 등이 되어본다.

4. 노랫말의 내용을 익힌 후 함께 읽는다.

5. 노랫말로 불러본다.

6. 교사와 한 소절씩 나누어 부른다.

7. 붕어 대신 오징어, 가오리 등을 넣어 불러본다.

8. 다함께 동작을 만들어 표현하며 부른다.
   - "동그란 어항 속에" 부분을 어떻게 표현했으면 좋겠니?
   - "붕어 삼형제" 는 어떻게 표현했으면 좋겠니?............
   - 우리 모두 친구들이 만든 동작을 모두 모아 노래를 부르면서 표현해 볼까?

붕어삼형제

향효진 작사 / 이승희 작곡

활동 3 식물의 성장

준비물 자석을 이용한 그림판과 식물의 성장과정에 대한 그림 자료

활동방법

1. 이야기 형식으로 노랫말을 들려준다.
   - 아주 작은 씨앗은 어떻게 되었니?
   - 씨앗이 마지막에 무엇으로 변했지?

2. 그림판을 보여주며 노랫말을 들려준다.

3. 그림 카드를 보이며 노래를 불러준다.
   - 씨앗이 자라서 꽃이 피는 과정을 순서대로 놓아 볼 수 있겠니?
   - 노랫말에 무슨 꽃들이 나왔었니?
   - 개나리꽃의 카드를 찾아 볼까?
   - 어떤 꽃이 제비꽃일까?

4. '아' 또는 '라' 등 한 글자로 불러보고 노랫말로 불러본다.

6. 노래를 부르며 "씨앗"이 변화되는 과정을 동작활동으로 표현해 본다.

※ 자석을 이용한 그림판 자료제작 방법

① 함석판에 두꺼운 종이를 붙이고 풀밭그림을 그린다.

② 노랫말의 꽃들과 씨앗, 벌, 나비 등은 자석을 붙여만든다.

③ 노랫말에 따라 붙여준다.

식물의 성장

Han Palmer/곡
유애열 / 편역

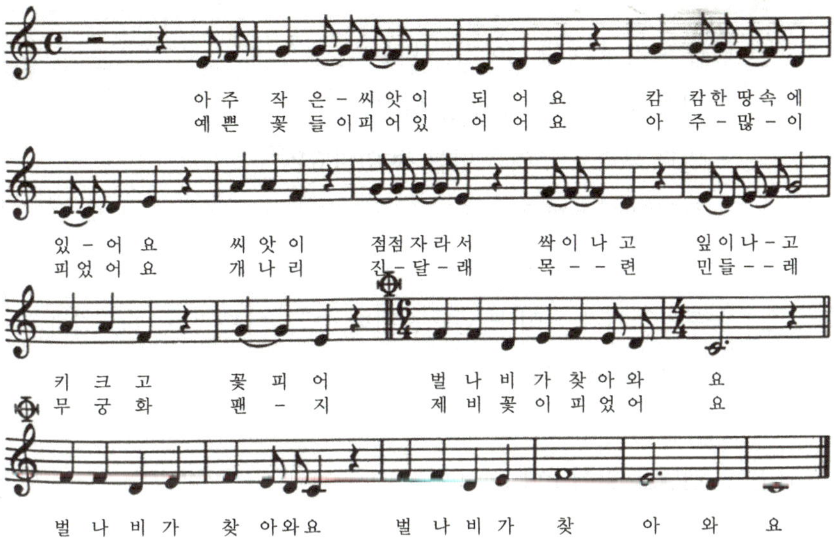

활동 4 밀과 보리가 자라네

준비물 밀짚모자, 수건, 밀과 보리 식물자료

활동방법

1. 밀과 보리에 대해 이야기를 나눈다.
   - 밀과 보리를 본 적이 있나요?
   - 밀과 보리로 무엇을 만들 수 있나요?
   - 무엇이 다를까요?

2. 농부아저씨가 되어 보도록 준비해 주고, 다른 친구들은 밀과 보리가 되어 함께 동작을 해 본다.

3. 노랫말을 읽어준다.

4. 음에 맞추어 허밍으로 부른다.

5. '아' 또는 '라' 등의 한 글자로 부른다.

6. 노랫말로 불러본다.

7. 교사와 유아가 한 소절씩 나누어 가며 불러보고, 2~3명씩 짝을 지어 유아들 앞에 나와서 부른다.

8. 생각을 모아 노랫말에 적당한 율동과 신체표현을 표현한다.

9. 노랫말을 참고로 하여 역할극으로 표현해 본다.

밀과 보리가 자라네

외국곡

활동 5 저금통

준비물 저금통, 통장, 도장, 동전, 지폐

활동방법

1. 저금을 해 본적이 있는지 이야기를 나누고 각자의 저축하는 방법을 소개한다.
   - 저금을 해 본 적이 있니?
   - 저금을 어떻게 하고 있나요?
   - 저금을 하면 어떤 점이 좋을 까요?

2. 저금통에 동전과 지폐를 넣어 본다.
   - 동전을 넣으면 무슨 소리가 날 것 같니?
   - 넣어 볼까?
   - 어떤 소리가 났니? 입으로 소리를 표현해 볼까? (두둑, 덩그렁, 똑.....)
   - 지폐를 넣으면 어떤 소리가 날까?
   - 왜 소리가 나지 않을까?

2. 저금통을 보여주며 노랫말을 떠올리게 한다.

3. '은행놀이' 의 역할극을 해보고 난 후 노랫말을 읽는다.

4. 노래에 대한 느낌이나 생각 등을 이야기하게 하며 부분적으로 교사가 부르며 따라 하게 한다.

5. 음에 맞추어 아' 또는 '라' 와 같이 허밍으로 부른다.

6. "땡그랑" 대신 우리가 들었던 동전 떨어진 소리(두둑, 덩그렁, 똑.....)로 불러볼까?

저금통

손대업 작곡

1. 땡 그 랑 한 푼 땡 그 랑 두 푼
2. 어 린 이 창 구 어 여 쁜 언 니
벙 어 리 저 금 통 이 어 유 무 거 워
웃 으 며 통 장 주 며 어 유 부 자 군
하 하 하 하 우 리 는 착 한 어 린 이
아 껴 쓰 며 저 축 하 는 알 뜰 한 어 린 이

활동 6 세계의 인사

준비물 그림자료, 각 나라의 인사하는 그림, 다른 나라 의상

활동방법

1. 우리나라의 인사말과 인사법에 대해 이야기 나눈다.
   - 친구들을 만나면 우리는 어떻게 인사를 하니?
   - 어른들을 만날 때는 어떻게 인사할까?
   - 이 사람들은 어떻게 인사를 하고 있니?
   - 어떤 인사말을 할까?

2. 외국 사람들은 인사할 때 어떻게 말을 할까?
   - 중국 사람들은 "니하오마"라고 말을 하면서 인사를 한단다. 따라 해 보겠니?
   - 하와이 사람들은 " 알로하" 라고 말을 하면서 인사를 한단다. 따라 해 보겠니?
   - 일본 사람들은 " 곤니찌아" 라고 말을 하면서 인사를 한단다. 따라 해 보겠니?

3. 음에 맞추어 허밍이나 콧노래로 부른다.

4. 교사와 유아가 한 소절씩 나누어 부른다.

5. 소꿉영역에 의상을 준비해 주어 의상을 입고 나라에 맞춰 인사놀이를 하도록 한다.

6. 인사말의 종류를 늘려서 부를 수도 있다.

세계의 인사

에플로프 작사 · 작곡

활동 7 낮과 밤

준비물 낮과 밤에 관한 그림자료, 노래판

활동방법

1. 낮과 밤에 하는 일에 대해 이야기 나눈다.
   - 우리가 낮에는 무엇을 하니?
   - 밤이 되면 무엇을 하니?

2. 낮과 밤의 다른 점을 알아본다.
   - 낮과 밤이 다른 점은 무엇이 있을까?
   - 왜 달라질까?
   - 낮과 밤은 왜 있을까?

3. '낮과 밤' 노래를 들려주고 함께 불러본다.

4. 노래 가사 중 '환해요', '깜깜해요'를 여러 가지 방법으로 표현해 본다.
   - 낮이 되어 환한 것을 어떻게 표현해볼까?
   - 밤이 되어 깜깜한 것을 어떻게 표현해볼까?

5. 낮에 하는 일, 밤에 하는 일에 따라 가사를 바꾸어 불러보기로 한다.

낮과 밤

손대업 작곡

D
1. 환 해 요 환 해 요 화 안 해 요
2. 깜 깜 해 깜 깜 해 깜 깜 해 요
G D A7
하 늘 도 지 붕 도 자 동 차 까 지
달 님 도 별 님 도 은 하 수 까 지
D
환 해 요 환 해 요 화 안 해 요
깜 깜 해 깜 깜 해 깜 깜 해 요
Em A7 D
무 지 개 색 같 아 요 –
잠 이 들 었 나 봐 요 –

활동 8 연날리기

준비물 장구, 소고, 노래판, 여러 가지 연

활동방법

1. 사전활동으로 연에 대해 알아본다.

2. 노래를 들어보고, 들어본 적이 있는지 이야기 나눈다.
   - 이 노래를 들어 본 적이 있니?
   - 무엇을 표현한 노래이니?

3. 음을 익히기 위해 허밍으로 불러보기로 한다.

4. 가사를 읽어보고 다 함께 불러본다.

5. 노랫말 중 재미있는 부분을 찾아본다.
   - 노래를 부르며 재미있는 부분이 있었니?
   - 여기에서 '에헤야 디야' 는 무슨 뜻일까?
   - 이 부분을 부를 때 더 신나고, 흥겹게 부르려면 어떤 방법이 있을까?

6. 우리나라 악기인 장구나 소고를 이용해 장단에 맞추어 불러본다.

7. 교사가 장구를 치면 유아들은 소고를 친다.

8. 미술영역에서 연을 만들어 밖으로 나가 날려보기로 한다.

연날리기

권연순 작사
한수성 작곡

활동 9 우 산

준비물 메추리 알 판 마라카스, 우산

활동방법

1. 노래 가사를 이용해 수수께끼를 내어 동기 유발한다.
   '비가오면 즐거운 내세상이죠
   비가와야모두들 사랑하고요
   비그치면 나를요 잊어버리는 내 이름은 ㅇㅇ 부른답니다. '

2. 우산의 용도에 대해 간단히 이야기를 나누고 여러 가지 용도에 대해서도 알아본다.
   - 우산은 우리에게 어떤 도움을 주니?
   - 비가 올 때만 우산을 사용하니?
   - 그래, 햇빛이 너무 뜨거워서 사용하는 우산이 있지? 이것을 양산이라고도 한단다.
     (파라솔, 천막 등 다양한 모양의 우산에 대해 알아본다.)

3. 가사와 음을 익힌 후 노래를 불러본다.

4. 고장난 우산을 이용해 유아와 함께 여러 가지 도구를 메달
   아 악기를 만들어 연주하기도 하고, 미술영역에서 꾸미기 활동을 하여 교실에(소꿉영역, 언어영역등) 전시해 두기로 한다.

5. 유아와 함께 메추리 알판을 이용하여 마라카스를 만들어 비소리를 내오 본다(만드는 방법 p175 참고)

우 산

안병원 요
안병원 곡

C F C
1. 비 가 오 면 즐 거 운 내 세 상 이 죠
2. 맑 은 날 은 외 로 운 내 신 세 지 요
F C G G7
비 가 와 야 모 두 들 사 랑 하 고 요
한 구 석 에 박 혔 다 비 가 오 면 요
C D G7
비 그 치 면 나 를 요 잊 어 버 리 는
세 상 구 경 나 가 는 나 는 즐 거 워
C G7 C
내 이 름 은 우 산 부 른 답 니 다
내 이 름 은 우 산 부 른 답 니 다

활동 10 호키포키

준비물 카세트, 테이프, 리본 막대

활동방법

1. '호키포키' 노래를 음률영역에서 들을 수 있도록 영역에 준비해 두어 노래를 자주 들어보도록 한다.

2. '호키포키' 노래를 듣고 느낌에 대해 얘기해 본다.

3. 노래 말에 맞추어 동작으로 표현해 보고 유아와 함께 만들어 보기도 한다.

4. 짝을 만들어 함께 표현해 보며, 다양한 방법으로 해 본다.
   - 우리 더 재미있게 춤을 추기 위해 어떻게 하면 좋을까?
   - 춤이 더 신나고 멋있어 보이기 위해 우리가 준비할 것들이 있을까?

5. 미술영역에서 모자, 리본막대 등 나를 표현하는 것을 꾸며 보며 소품을 함께 이용하여 표현해 본다.

호키포키

외국곡

2. 왼손 3. 오른발 4. 왼발 5. 오른쪽 엉덩이 6. 왼쪽 엉덩이

활동 11 생일노래

활동방법

1. 생일에 대해 이야기를 한다.
   - 생일이 되면 어떤 말로 축하를 하니?
   - 다른 나라 사람들은 어떻게 말할까?

2. 우리나라 생일 노래를 불러본다.
   - 친구 생일을 축하해 줄 때 무슨 노래를 불렀었니?
   - 함께 불러 볼까?

3. 다른 나라의 말로도 불러본다.
   - 이 노래를 미국 사람들이 부른다면 어떻게 부를까?
   - 이 노래를 일본 사람들이 부른다면 어떻게 부를까?
   - 이 노래를 중국 사람들이 부른다면 어떻게 부를까?

4. 2~3명씩 짝을 지어 유아들 앞에 나와서 불러본다.

5. '박수치기', '하트모양 그리기' 등 유아들과 함께 생각을 모아 간단한 동작을 표현하며 불러본다.

생일노래

외국곡

1.(한국어) 생 일 축 하 합니 다 생 일 축 하 합니 다 사 랑
2.(영어) 해 피 벌스 데이 투 유 해 피 벌스 데이 투 유 해 피
3.(일어) 탄 조 비 – 오메데 또 탄 조 비 – 오메데 또 아 나
4.(중국어) 쏜 렌 팬 레 – 쏜 렌 팬 레 – 아
하 는 당 신 의 생 일 축 하 합니 다
벌스 데이 마이 디 어 해 피 벌스 데이 투 유
타 오 아이 조 우 탄 조 비 – 오메데 또
– 이 더 – 린 쏜 렌 팬 레 –

활동 12 더 빠른 것 더 느린 것

준비물 다양한 교통기관에 관한 그림자료

활동방법

1. 그림자료를 보며 이야기를 나눈다.
   - 여기에 무엇이 있니?
   - 여기에 있는 것 중 제일 빠른 것은 무엇일까?
   - 제일 빠른 것부터 순서대로 한번 놓아볼까?
   - 이번엔 제일 느린 것은 무엇일까?
   - 제일 느린 것부터 순서대로 놓아볼까?

2. 음악을 들려준다.
   - '××× ×××' 이 부분은 어떻게 부르면 좋을까?

3. 음악에 맞춰 즐겁게 노래를 부른다.

4. 팀을 나누어 한 팀은 노래를, 한 팀은 박수를 쳐보며 불러본다.

5. 번갈아 가면서 해 보고, 유아들과 함께 생각을 모아 여러 가지 방법으로 부른다.

더 빠른 것 더 느린 것

김옥련 요
김숙경 곡

활동 13 아기별

준비물 노래 악보, 핸드벨

활동방법

1. 핸드벨을 보며 이야기를 한다.
   - 이 악기 이름이 뭘까?
   - 어떤 소리가 날까?
   - 어떻게 소리를 낼까?

2. 핸드벨로 '아기별'을 들려준다.
   - 어떤 느낌이 드니?

3. 피아노에 맞추어 노래를 불러본다.

4. 악보에 핸드벨 음소리와 같은 색으로 표시하여 연주하며 노래를 부를 수 있도록 한다.

5. 핸드벨의 음을 한 가지씩 듣고 여러명이 노래를 만들어 본다.

6. 유아들 앞에 나와 핸드벨을 연주하면 앉아있는 친구들은 노래를 부른다.

아기별

윤태웅 작사
김성도 작곡

활동 14 나를 따라 해 봐요

준비물 노랫말

활동방법

1. 노랫말을 읽어 본다.
   - "나따라 해봐요 요렇게" 부분에서 어떻게 움직일 거니?
   - "아이참 재미있다"부분에서는 어떻게 움직이고 싶니?

2. 음악을 들려주고, 함께 불러본다.

3. 약속한 대로 포즈를 취하며 불러본다.

4. 한 유아가 앞으로 나와 노래를 부르다 행동을 취하면 친구들이 따라 해 보며 노래를 불러본다.

5. 유아들과 생각을 모아 적당한 소품을 만들어 이용하면서 불러본다.

나를 따라 해 봐요

외국곡

활동 15 달맞이

준비물 노랫말, 달 사람 그림책(토미 웅거리 글 · 그림, 비룡소), 다른 모양의 달 그림(보름달, 초승달, 반달 등)

활동방법

1. 달 사람 그림책을 읽어준다.
   - 달도 우리들을 보고 있구나
   - 달이 무엇을 가장 하고 싶어했니?
   - 달 모양이 어떻게 변했니?
   - 달 모양이 변하니까 달 사람의 모양도 변하는구나

2. 달 모양에 달 사람을 그려본다.
   - 어떤 달 모양의 사람이 가장 크니?
   - 어떤 달 모양의 사람이 가장 작니?

3. 달에 대해 이야기 해 본다.
   - 달을 본적이 있니? 언제 보았니?
   - 달은 우리에게 무엇을 주지?
   - 달맞이가 뭘까?
   - 그림책 속의 달 사람이 우리 유치원으로 오면 뭐라고 말 해 주고 싶니?
   - 달사람과 무슨 놀이를 하고 싶니?

4. 가사를 읽어본다.
   - 어떤 느낌이 드니?
   - 모르는 노랫말이 있니?

5. 노래를 들어본다.

6. 교사와 유아가 한 소절씩 나누어 불러본다.

7. 2~3 명씩 짝을 지어 유아들 앞에 나와 불러본다.

8 모두 함께 손을 잡고 원을 그리며 부른다.

달맞이

윤석중 작사
홍난파 작곡

활동 16 올챙이 개구리 되었네

준비물 노랫말, 개구리 성장과정에 관한 그림자료

활동방법

1 봄의 동물에 대해 이야기 나눈다.
- 봄에는 어떤 동물을 볼 수 있니?
- 그럼, 이 동물 중에 아기 때의 이름과 지금처럼 다 자라고 난 후에 이름이 다른 동물이 있는데, 무슨 동물일까?

2 노랫말을 들려주고 그림을 보며 올챙이가 개구리가 되는 과정을 이야기 해 준다.
- 지금 선생님이 들려주는 노랫말은 개구리에 대한 이야기 예요. 노랫말을 잘 듣고 올챙이가 개구리가 되려고 할 때의 모습을 생각하며 들어보세요.

3 단음으로만 멜로디를 들려준 후 허밍으로 부른다.

4 '라라라' 등 유아들이 발음하기 쉬운 한 글자를 넣어서 불러본다.

5 노랫말을 읽어보고, 노랫말을 넣어서 불러본다.
- 노랫말에 맞추어 그림을 찾아 볼 수 있겠니?

6 반복하여 불러보고, 동작으로 표현해 본다.
- 이 부분을 어떻게 움직였으면 좋겠니?

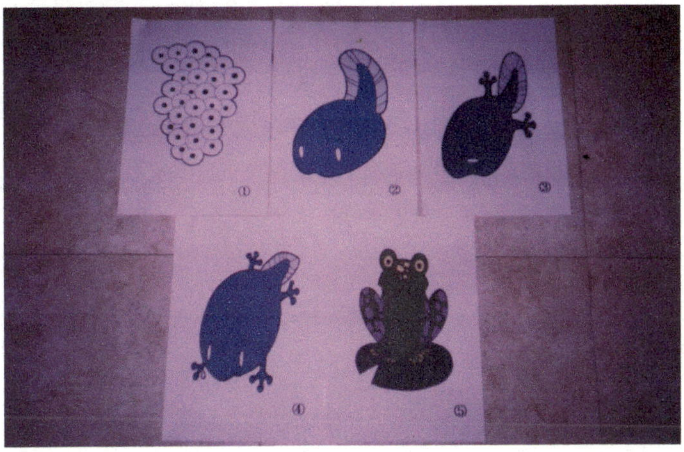

올챙이 개구리 되었네

윤현진 작사 / 작곡

활동 17 모두 다 뛰놀자

준비물 노랫말 판

활동방법

1. 도구를 사용하는 스포츠와 사용하지 않고 하는 스포츠에 대해 알아본다.
   - 도구를 이용해서 할 수 있는 운동은 무엇이 있을까?
   - 도구를 사용하지 않고 할 수 있는 운동은 무엇이 있을까?

2. 몸을 움직여 할 수 있는 운동을 해 본다.
   - 뛰어보기, 날아 다녀보기, 발 굴리기, 제자리 돌기

3. 이런 동작들을 재미있게 하는 말과 음악을 넣어 들려준다.

4. 단음으로 멜로디를 들려준 후 허밍으로 부른다.

5. '라라라' 등 유아들이 발음하기 쉬운 한 글자를 넣어 부른다.

6. 노랫말을 읽어보고 노랫말을 넣어서 움직이며 불러본다.

7. 노랫말 이외의 다른 동작(한발로 뛰어라, 말처럼 뛰어라, 캥거루처럼 뛰어라....)으로 표현해 본다.

8. 노래를 부르며 자유롭게 움직인다.

모두 다 뛰놀자

박경문 작사
김방옥 작곡

우
와 와 와 와
와
우
우
와 와 와 와 와
와
모 두 다
D. S.
D. S.

활동 18 텔레비전

준비물 노랫말, 텔레비전 모형(박스를 이용한)

활동방법

1. 우리 주변에서 볼 수 있는 기계에 대해 이야기를 나눈다.
   - 우리 교실에는 어떤 기계들이 있니?
   - 그럼, 우리에게 편리함과 즐거움을 함께 주는 기계들에는 어떤 것이 있을까?

2. 텔레비전이 주는 즐거움에 대해 이야기를 나눈다.
   - 텔레비전에 아빠가 나온다면 어떨까?
   - 텔레비전에 엄마가 나온다면 어떨까?
   - 텔레비전에 내가 나온다면 어떨까?
   - 텔레비전에 할머니가 나온다면 어떨까?

3. 단음으로 멜로디를 들려준 후 허밍으로 부른다.

4. '라라라' 등 유아들이 발음하기 쉬운 한 글자를 넣어 부른다.

5. 노랫말을 읽어보고, 노랫말을 넣어서 불러본다.
   - 텔레비전에 할머니 나온다면 정말 좋겠네, 정말 좋겠네, 춤추고 노래하는 멋있는 할머니 얼굴.........

6. 모형 텔레비전에 얼굴을 내밀고 불러본다.

7. 유아들과 생각을 모아 동작을 만들고 표현하며 불러본다.

텔레비전

정근 작사
정근 작곡

활동 19 나무를 심자

준비물 노랫말, 나무그림(나무가 거의 없는 산과 푸른하늘이 그려진 그림)

활동방법

1 나무가 거의 없는 산과 푸른 하늘이 그려진 그림자료를 보며 이야기를 나눈다.
- 산 : 하늘아, 너 어쩜 그렇게 푸르니?
- 하늘 : 나는 맑은 공기를 마시고 살기 때문이야.
- 산 : 나도 너처럼 푸른 산이 되고 싶어!

2 어떻게 하면 푸른 산이 될 수 있을지 이야기 나눈다.
- 그럼 산을 더 푸르게 하려면 어떻게 할까?
- 그래 우리 산이 더 푸르게 되도록 나무를 심어주자.

3 노랫말을 들려주며 나무를 한 그루씩 심는 모습을 동작으로 표현한다.

4 단음으로 노래를 들려준 후 허밍으로 부른다.

5 '라라라' 등 유아들이 발음하기 쉬운 한 글자를 넣어 부른다.

6 노랫말을 읽어보고, 노래를 불러본다.
- 노랫말 중에서 가장 재미있는 부분은 어디이니?(요로레이)
- 선생님 입을 보고 천천히 불러 보자
- 이번에는 조금 더 빨리 불러볼까?

7 반복하여 불러보고, 동작으로 표현해 본다.

나무를 심자

윤석중 작사
유병무 작곡

활동 20 로케트

준비물 텔레비전이나 영화 속의 로켓트 발사 장면이 녹화된 테이프

활동방법

1. 자신이 좋아하는 교통수단에 대해 이야기를 나눈다.
   - 교통수단에는 어떤 것이 있을까?
2. 그 교통수단을 이용해서 가고 싶은 곳을 이야기 나눈다.
   - 로케트를 타고 어디를 갈 수 있을까?
3. 텔레비전이나 영화 속의 로켓트 발사 장면을 시청한다.
   - 로케트를 왜 발사할까?
   - 로케트를 발사할 때 무엇으로 어떻게 신호를 보냈니?
   - 이 로케트는 지금 어디에서 무엇을 할까?
   - 로케트가 발사할때의 모습, 소리등을 표현해 볼 수 있겠니?
4. 단음으로 멜로디를 익힌 후 허밍으로 불러본다.
5. 노랫말을 함께 짚으며 읽어본다.
6. 노랫말을 붙여서 불러본 후 동작으로 표현해 본다.
7. 유아들과 함께 생각을 모아 몸으로 로케트를 만들고 즐겁게 노래를 부른다.

로케트

유경손 요 / 곡

1. 계 수 나 무밑 에 서 옥 토 끼 가 논 다 는 저 달 나 라 저 달 나 라
2. 세 상 에 서 제 일 가 는 로 켓 트 만 들 어 저 달 나 라 저 달 나 라
로 케 트 만 타 면 은 로 케 트 만 타 면 은 갈 - 수 - 있 지 요
싱 - 싱 - 신 나 게 싱 - 싱 - 신 나 게 올 - 라 - 가 보 자

활동 21 겨울바람

준비물 추위에 떨고 있는 상황그림카드

활동방법

1. 요즘의 날씨에 대해 이야기 나눈다.
   - 요즘은 어느 계절이니?
   - 겨울엔 날씨가 어때?

2. 그림카드(추위에 떨고 있는 아이들의 모습)를 보며 이야기 나눈다.
   - 이 그림카드를 보자.
   - 이 친구들은 어떻게 보이니?
   - 왜 이렇게 떨고 있을까?
   - 어디가 가장 추울까?

3. 교사가 반주 없이 멜로디만으로 반복하여 들려준다.

4. 허밍으로 불러본 후 유아가 원하는 음으로 반복하여 불러본다.

5. 음이 익숙해지면 함께 노랫말을 읽어 본 후 노랫말로 불러본다.

6. 노래가 익숙해지면 유아와 함께 동작으로 표현해 본다.

7. 팀을 나누어 한 팀은 노래를 부르고, 다른 팀은 박수를 치며 '꽁꽁꽁' 등의 쉬운 의성어로 불러본다.

8. 교사와 유아가 번갈아 부른다.

겨울바람

배순자 작사 / 작곡

B Em Am Em Am D G
산 너 머 인 지 바 다 건 넌 지 너 무 너 무 얄 미 워
C G C G C
손 이 시 려 워 발 이 시 려 워 겨 울 바 람 때 문 에
C G C G C
손 이 꽁 꽁 꽁 발 이 꽁 꽁 꽁 겨 울 바 람 때 문 에

활동 22 고기잡이

준비물 노랫말, 물고기(오징어, 소라, 문어, 가오리)가면

활동방법

1. '낚시' (고기를 잡아 본)해 본 경험에 대해 이야기 나눈다.
   - 고기를 잡아 본 적이 있니?
   - 고기를 잡을 수 있는 방법은 어떤 방법이 있을까?
   - 어디에서 잡았나요?
   - 잡은 고기는 어떻게 하였니?

2. 노랫말 가사를 익힌 후 단음으로 멜로디를 익힌다.

3. 허밍으로 부른 후 유아들이 원하는 다양한 음으로 불러보며 노래를 익힌다.

4. 다함께 노랫말을 읽어본 후 노래를 부른다.

5. 다양한 방법으로 노래를 불러본 후 고기와 어부로 나누어 고기잡는 흉내를 내며 움직여 본다.

6. 유아들과 함께 어깨동무를 하 듯, 행진을 하며 부른다.

7. "고기" 대신 다른 물속의 동물(오징어, 소라, 문어, 가오리...)등으로 바꾸어 노래를 불러본다.

8. 어부와 물고기(오징어, 소라, 문어, 가오리) 팀으로 나누어 어부가 물고기를 잡고 물고기가 도망가는 표현을 하며 노래를 불러본다.

고기잡이

윤극영 작사
윤극영 작곡

활동 23 훌랄라 폴카

준비물 노끈으로 만든 치마
망토나 플레어 스커트(어른용)
꽃 목걸이 등

활동방법

1 노래를 들어보고 느낌을 이야기한다.
- 이 노래의 느낌은 어떠니?

2 노랫말로 불러본다.

3 노래에 맞추어 자유롭게 춤을 춘다.

4 노래를 부르며 춤을 추면서 특이한 동작을 표현한 친구를 칭찬해준다.
- 치마를 많이 움직이게 하려면 몸을 어떻게 움직여야 할까?
- 망토를 나비처럼 훨훨 날리게 하려면 어떻게 하면 될까?

5 훌라라~ 부분을 다른 언어로 표현하며 어울리는 방법으로 동작활동을 한다.

훌랄라 폴카

외국곡

1. 모두 모 여 라 손목 을 잡 고 흥겨 운 모 두 춤 을 추 자.
2. 동산 의 해 님 솟아 오 르 면 숲속 의 새 가 노 래 하 네.
〈전 주〉
랄 랄 라 랄 라 훌 랄 라 랄 라 훌랄 라 랄 라 훌 랄 라

활동 24 앞으로

준비물 지구본, 노랫말, 다양한 동작카드(뒤로, 옆으로...)

활동방법

1. 노랫말을 읽어보고 어떤 느낌이 드는지 이야기를 나눈다.
   - 제목을 보고 어떤 느낌이 드니?
   - 이 노래 안에 어떤 노랫말들이 있을 것 같니?

2. 노랫말을 읽으며 설명해준다.

3. 노래를 부르며 자유스럽게 움직이며 춤을 춘다.

4. 노랫말에 맞추어 유아들이 제목을 바꾸어 보도록 한다.
   - 노래를 부르고 나서 다시 제목을 바꾼다면 어떻게 하고 싶니?

5. 제목을 카드에 적어서 붙일 수 있도록 준비하고 제목이 바뀔 때마다 한 번씩 불러본다.

6. 동작(행진하는 모습 등)도 함께 만들어 노래를 부르며 표현한다.

앞으로

윤석중 작사
이인수 작곡

온 세 상 어린이가 - 하하하하웃-으- 면,
그 소리들리겠- 네. 달 나라-까- 지.
앞으로 앞으로 앞 으로앞 으- 로

활동 25 꼬마 원숭이

준비물 원숭이와 기린 , 토끼와 코끼리, 고양이와 호랑이 그림카드

활동방법

1. 노랫말을 읽어본다.
   - 어떤 동물들이 나왔니?
   - 동물들이 무엇을 하고 있니?
   - 원숭이하고 기린하고 누구 키가 더 클까?

2. 노래를 들어보고 불러본다.

3. 노랫말을 바꾸어 노래를 불러본다.
   - 또 어떤 동물들이 키 재기를 하면 원숭이와 코끼리처럼 키 재기를 할 수 있을까?
   - 토끼와 코끼리, 고양이와 호랑이도 재미있게 키 재기를 할 수 있겠구나

4. 원숭이 노랫말 위에 토끼(고양이) 그림을, 기린 노랫말 위에 코끼리(호랑이) 그림을 붙이고 노래를 부른다.
   - 원숭이와 기린 대신 토끼와 코끼리를 넣어서 불러보자
   - 두 동물 중 어떤 동물의 키가 더 클까?
   - "토끼하고 코끼리하고 키 재기를 하는데, 작은 토끼는 몰래 몰래 발꿈치를 들 었대요"………

꼬마 원숭이

윤현진 요
윤현진 곡

활동 26 멋쟁이 토마토

준비물 토마토, 토마토로 만든 음식의 그림(쥬스, 케첩, 스파게티, 샐러드...)

활동방법

1 수수께끼로 노래 제목을 알아 맞추게 한다.

- 나는 처음에는 초록색 옷을 입고 있다가 나중에는 빨간색 옷을 입어요.
- 나는 새콤 달콤 맛이 있어요?
- 나는 과일이예요
- 나는 쥬스도 만들고 케첩도 말들어요
- 나는 무엇일까요?

2 노래 말을 읽어보고 모두 함께 노래를 불러본다.

- 토마토가 쥬스가 되고 케첩도 되었구나

3 노랫말을 바꾸어 노래를 불러본다.

- 토마토로 또 무엇을 만들 수 있을까?
- 스파게티와 셀러드도 만들 수 있구나
- "울퉁 불퉁 멋진 몸매에 빠알간 옷을 입고, 새콤 달콤 향기 풍기는 멋쟁이 토마토, 나는야 스파게티 될거야 나는야Ⅱ 샐러드 될거야 나는야 춤을 출 거야 뽐내는 토마토

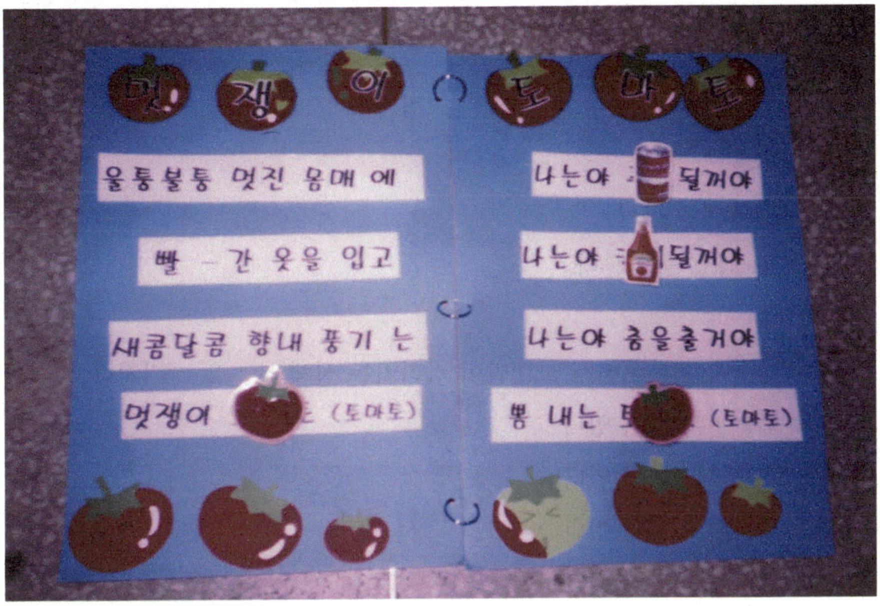

멋쟁이 토마토

김영광 작사
김영광 작곡

활동 27 눈은 어디 있나

준비물 눈, 코, 잎, 귀에 관한 그림카드

활동방법

1 노래를 들어본다.

2 노래를 부르면서 노랫말이 가리키는 신체 부분을 가리킨다.

- 눈은 어디 있나
- 코는 어디 있나
- 귀는 어디 있나
- 입은 어디 있을까

〈나이든 유아들은 손목, 팔꿈치, 목, 어깨 등으로 바꾸어 불러본다〉.

3 물건들의 이름을 넣어서 노랫말을 바꾸어 노래를 불러본다.

- 유리창은 어디 있나
- 피아노는 어디 있나
- 책을 어디 있나
- 시계 어디 있을까

4 친구 이름을 넣어서 불러본다.

- 00는 어디 있나
- 00는 어디 있나
- 00는 어디 있나
- 선생님은 어디 있을까

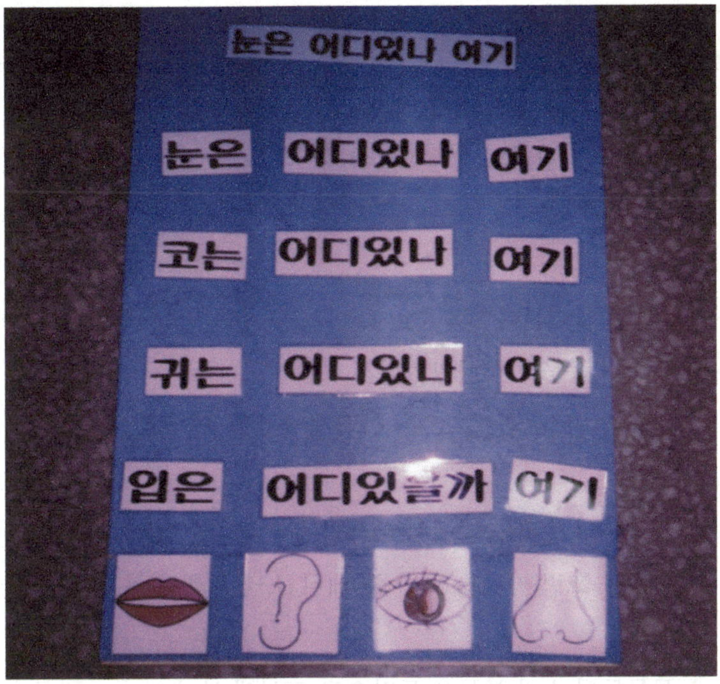

눈은 어디 있나

어효선 요
김공석 곡

활동 28 오리는 꽈악꽈악

준비물 오리, 염소, 돼지, 소에 대한 그림카드와 고양이, 생쥐, 닭, 강아지에 대한 그림카드

활동방법

1 노래를 들어본다.
- 어떤 동물들이 나왔었니?
- 오리(염소, 돼지, 소)는 어떻게 소리를 내니?

2 동물들의 소리를 넣어서 노래를 불러본다.
- 동물 그림 카드를 보여 줄 테니 소리를 내어 볼 수 있겠니?

3 동물들의 소리 부분을 동작으로 표현해 본다.
- 오리는 꽈악 꽈악은 어떻게 표현했으면 좋겠니?

4 유아들이 각각의 동물들이 되어 소리를 내어 본다.
- 누가 오리가 되어 보겠니?
- 오리를 부르면 노랫말에 맞추어 오리 소리를 내어 볼 수 있겠니?

5 다른 동물들의 이름을 넣어서 노랫말을 바꾸어 노래를 불러본다.
- 고양이는 야옹, 생쥐는 찍찍, 닭은 꼬꼬, 강아지는 멍멍

6 소리나는 사물들로 노랫말을 바꿔 불러본다.
기차는 폭폭, 자동차가 빵빵, 초인종은 딩동........

꽉 꽉
음 메
꿀 꿀
음 머
야 옹
찍 찍
꼬 꼬

오리는 꽈악꽈악

외국곡

F C F
C F
C F
C F
오 리는 꽈악 꽈악
오 리는 꽈악 꽈악
염 소 음 메
염 소 음 메
F
돼 - 지 는 꿀 꿀
돼 - 지 는 꿀 꿀
소는 음머 음머
소는 음머 음머

활동 29 컴퓨터를 켜면

준비물 컴퓨터 영역 자판기, 마우스

활동방법

1. 컴퓨터 활동 중에서 재미있던 활동에 대해 이야기 한다.
   - 컴퓨터 활동 중에서 어떤 활동이 가장 재미 있었니?
   - 컴퓨터 활동 중에서 모르는 것을 찾아본 적이 있었니?
   - 무엇이었니?
   - 오늘은 무슨 활동을 하고 싶니?

2. 컴퓨터를 할 때 지켜야 할 규칙을 알아 본다.
   - 유치원에서 컴퓨터를 할 때 지켜야할 규칙은 무엇이 있지?
   - 집에서 컴퓨터를 할 때 부모님과 약속한 규칙이 있니?
   - 잘 지키고 있니?
   - 그러한 규칙들은 왜 있을까?

3. 컴퓨터를 하면서 나는 소리들을 흉내내어 본다.
   - 컴퓨터 자판을 치면서 나는 소리들은 어떤 것들이 있을까?
   - 입으로 소리내어 보겠니?
   - 자판으로 소리내어 보겠니?

4. 노래를 들어본다.
   - 무엇을 나타내는 노래인 것 같니?
   - 어느 부분이 가장 재미있니?

5. 자판을 치면서, 마우스를 사용하며 노래를 불러본다.

컴퓨터를 켜면

이민경 작사
이민경 작곡

활동 30 어디에 사니?

준비물 숫자(1-8층)이 그려진 아파트 그림, 8명의 유아 이름을 두 장씩 쓸 수 있는 여러장의 카드, 쓰기도구

활동방법

1. 아파트 그림을 보며 유아들 중에서 몇 층의 아파트에 살고 싶은지 층의 수를 선택하게 한다. 층이 결정되면 유아의 이름을 카드에 적어 알맞은 층에 붙인다.
   - 여기 그림은 무엇이니?
   - 이 아파트는 몇 층까지 있는 집이니?
   - 너는 몇 층에서 살고 싶니?
   - 왜

2. 누가 몇 층에 살고 싶은지 알아본다.
   - 2층에는 누가 살고 싶다고 했니?
   - 8층에는 누가 살고 싶다고 했니?

3. 노래를 들어 본 뒤 결정한 유아의 층수를 넣어 노랫말을 만들어 노래를 불러본다.

4. 참여하지 않은 유아들을 교대하여 층수를 결정한 뒤 노래를 불러본다.

어디에 사니?

이민경 작사
이민경 작곡

활동 31 엄마는 너를 항상 사랑해

활동방법

1. 엄마와 떨어져 본 경험이 있거나 엄마가 먼저 출근하는 경우에 대해 이야기 한다.
   - 엄마가 먼저 출근하실 때 엄마와 떨어지기 싫어서 울어 본 적이 있니?
   - 울면 엄마 마음은 어떠하실까?
   - 엄마가 먼저 출근하시면 너희들은 엄마에게 무어라고 인사를 해야 할까?
   - 엄마는 너희들에게 어떻게 하시니?
   - 일을 하시면서도 엄마는 너희들을 생각 하시는 구나
   - 오늘 집에서 엄마가 퇴근하여 돌아오시면 무슨 말로 인사를 할거니?

2. 노래 제목을 알려주지 않고 노래를 들려준다.
   - 누가 누구에게 들려주면 좋을까?
   - 왜 그렇게 생각했니?
   - 엄마는 너희들과 떨어져 있어도 어떤 생각을 하고 계시니?

3. 엄마가 되어 노래를 불러본다.
   - 내가 엄마가 되어 아기에게 노래를 들려준다고 생각하면서 불러보자
   - 이 노래를 부르면서 어떤 생각이 들었니?

엄마는 너를 항상 사랑해

이민경 작사
이민경 작곡

악기를 통한 음악활동

활동 1 인디언 찰찰이

제작 준비물

- 90㎝ 정도의 막대, 병 뚜껑, 망치, 가위. 커텐 못, 락카, 색 테이프.

활동 준비물

- 제작한 찰찰이 악기, 아프리카나 인디언 민속음악(Flutistes Kotokdi) 이나 사진, 검정스타킹, 인디언 치마. 깃털. 핸드페인팅 물감.

악기제작과정

1. 나무 막대를 적당한 크기(유아가 세워서 손으로 잡았을 때 바닥에 닿을 정도의 크기)로 자른다.

2. 나무 막대에 락카로 색칠을 한다.

3. 병 뚜껑의 테두리를 3-4곳 칼집을 낸 후 망치로 편다.

4. 병 뚜껑의 가운데에 못과 망치로 구멍을 뚫는다.

5. 가운데 부분을 제외한 막대에 못을 골고루 박고 병 뚜껑을 2-3개 끼운 후 커 텐 못의 장식 부분을 끼운다.

6. 가운데 손잡이 부분을 색 테이프로 표시한다.

활동방법

1. 악기에 대해 이야기 나눈다.
   무엇으로 만들었니?
   어떻게 만들었을까?

2 사용 방법을 알아본다.
어떻게 하면 소리가 날까?(흔들어 본다. 바닥에 쳐본다.)
어디를 손으로 잡아야 할까?

3 인디언 춤을 추는 내용이 들어있는 그림이나 비디오를 보여 주면서 인디언의 행동을 관찰하면서 이야기한다.

4 인디언 복장을 하고, 악기를 흔들고, 치면서 아프리카 음악에 맞추어 자유스럽게 춤을 춘다.

5 교사는 유아들이 춤을 추는 동안 다양한 방법으로 악기를 사용하고 몸을 움직 일 수 있도록 음악 및 악기의 특성과 연관된 언어적 안내를 해 준다.

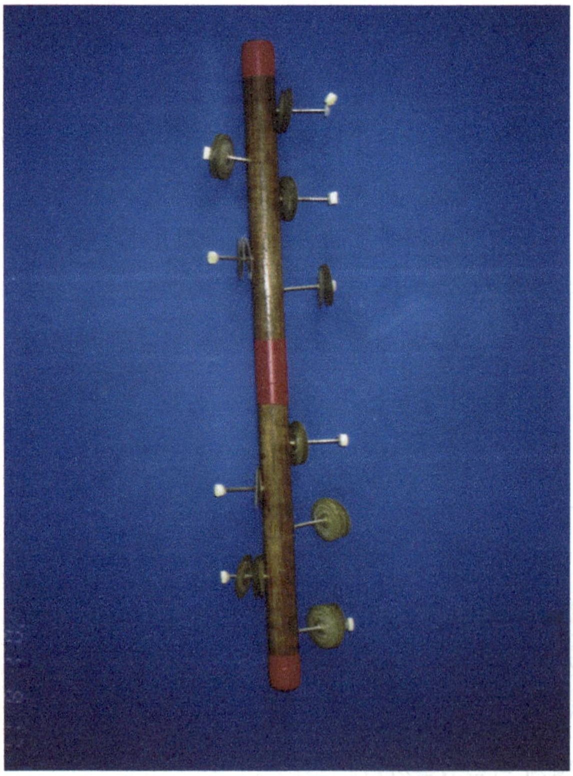

활동 2 부채 탬버린

제작 준비물

- 다양한 부채, 방울, 단추, 조개 껍데기, 낚시 줄, 칼라 시트지

활동 준비물

- 제작한 부채 탬버린, 음악("그대로 멈춰라")

악기제작과정

1. 광고용 부채를 칼라 시트지로 장식한다.
2. 부채 테두리와 면에 구멍을 뚫어 낚시 줄로 방울, 단추, 조개 껍데기 등을 단다.

활동방법

1. 악기(큰 방울과 작은 방울이 달린 부채, 단추 달린 부채, 조개 껍데기가 달린 부채)에 대해 이야기 나눈다.
   - 무엇으로 만들었을까?
   - 어떻게 만들었을까?
   - 원래 이것은 무엇일까?

2. 사용 방법을 알아본다.
   어떻게 하면 소리가 날까?
   흔들어 볼까?
   손바닥으로 쳐보자
   손잡이를 잡고 두 손으로 돌려볼까?
   친구를 부쳐주면 어떤 소리가 날까?

3. 부채를 들고 음악 " 그대로 멈춰라" 에 맞추어 자유스럽게 춤을 춘다.

그대로 멈춰라

김방옥 요 · 곡
이계석 편곡

활동 3 대나무 윈드 벨과 실로폰

제작 준비물

- 파이프 실로폰(스텐레스나 동 파이프, 굵은 실, 행거)

 대나무 윈드벨 (대나무, 굵은 실)

활동 준비물 제작한 실로폰, 음악(다람쥐), 다양한 채

악기제작과정

1 스텐레스나 동 파이프를 다음과 같은 크기로 자른다.

큰 크기로 할 경우 작은 크기로 할 경우

낮은 솔 56.1 cm 28cm

낮은 라 53.1 cm 26.7cm

낮은 시 50 cm 25cm

도 48.8 cm 24.4cm

레 45.7 cm 22.8cm

미 42.8 cm 21.4cm

파 41.7 cm 20.8cm

솔 39.2 cm 19.5cm

라 36.9 cm 18.4cm

시 34.4 cm 17.2cm

높은 도 31.9 cm 16.8 cm

대나무로 만들 경우 다음과 같이 자른다.

낮은 솔 35.6 cm

낮은 라 33.8 cm

낮은 시 32.2 cm

도 30.3 ㎝

레 58.8 ㎝

미 26.9 ㎝

파 25.6 ㎝

솔 24.1 ㎝

라 23.1㎝

시 21.3 ㎝

높은 도 20.9 ㎝

레 19.4㎝

미 18.4 ㎝

파 17.8 ㎝

솔 16.9 ㎝

2 관의 한쪽에 구멍을 뚫은 후 실을 꿰어 크기 순서대로 행거나 긴 막대기에 매 단다.

활동방법

1 악기에 대해 이야기 나눈다.
- 무엇으로 만들었을까?
- 어떻게 만들었을까?
- 원래 이것은 무엇일까?

2 사용 방법을 알아본다.
- 어떻게 하면 소리가 날까?
- 손으로 두드려 볼까?
- 긴 막대기로 두드려볼까?
- 관끼리 부딪히면 무슨 소리가 날까?

③ 악기의 재질이나 채의 종류에 따른 소리의 차이를 비교해 본다.

- 악기의 재질(스텐레스나 동 파이프, 대나무)에 따라 같은 채로 두드렸을 때 소리의 차이에 대해 이야기한다.
- 준비한 다양한 채(프라스틱, 스티로폼, 나무, 솜, 스폰지, 천, 실로폰 채)로 두 드려 본 후 채의 종류에 따라 소리가 어떻게 다른지를 이야기한다.

④ 다양한 방법으로 두드려 본다.

- 하나씩 두드려 본다.
- 왼쪽에서 오른쪽으로, 다시 오른쪽에서 왼쪽으로 연속으로 두드려 본다.
- 높은 음과 낮은 음을 찾아본다.

⑤ 두드려 본 후 소리와 연결시켜 본다.

- 음을 두드려 본 후 한 음씩 목소리로 흉내내어 본다(도 솔 미 파..).
- 2-3개 음을 두드려 본 후 친구의 이름을 넣어 본다.(미 파 솔 – 성 승 주)

⑥ 노래를 부르며 도레미파....를 불러본다.

- 악기를 치면서, "다람쥐가 올라간다(도레미파솔라시도)", " 다람쥐가 내려 온다 (도시라솔파미레도)

교사는 유아들이 춤을 추는 동안 다양한 방법으로 악기를 사용하고 몸을 움직일 수 있도록 음악 및 악기의 특성과 연관된 언어적 안내를 해 준다.

- 무엇으로 만든 부채 소리가 가장 크니?
- 어떻게 움직일 때 가장 큰 소리가 나니?
- "멈춰라" 에서 부채에서 소리가 나면 어떻게 할까?
- 가장 몸을 크게 움직이는 친구는 누구일까?

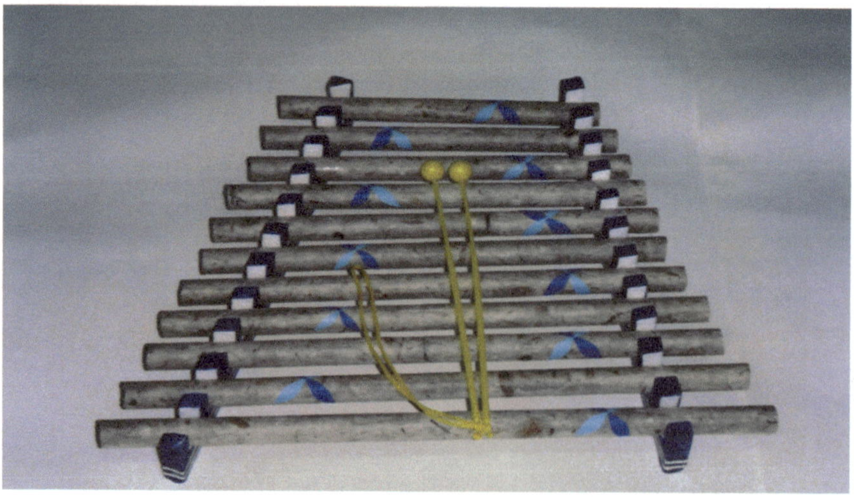

활동 4 나팔

제작 준비물

– 다양한 크기의 깔대기, 주름호스, 호루라기, 삑삑이, 전선테이프, 칼라 시트지

활동 준비물

– 제작한 나팔, 음악 (베르디의 "개선 행진곡), 휴대용 카세트 플레이어

악기제작과정

1. 깔대기 표면을 칼라 시트지로 장식한다.
2. 주름호스를 다양한 길이로 자른 후 깔대기에 전선 테이프로 고정시킨다.
3. 호스 입구에 호루라기, 삑삑이 등 다양한 소리를 경험할 수 있는 것을 넣어 고 정시킨다.

활동방법

1. 악기에 대해 이야기 나눈다.
   - 무엇으로 만들었을까?
   - 어떻게 만들었을까?
   - 원래 이것은 무엇일까?

2. 사용 방법을 알아본다.
   - 어떻게 하면 소리가 날까?
   - 이 악기를 불면서 어떻게 움직였으면 좋을까?

3. 다양한 방법으로 행진해 본다.
   - 나팔 없이 행진해 볼까?
   - 행진곡 없이 나팔을 불며 행진해 볼까?
   - 나팔을 불며 행진곡에 맞추어 행진해 볼까?

④ 위의 방법으로 행진을 해 본 후 각각의 느낌을 이야기 해 본다.

- 어떻게 행진했을 때 가장 신이 났었니?

⑤ "개선 행진곡"에 맞추어 행진을 한다.

- 밖으로 나가 행진곡에 맞추어 놀이터나 유치원 주위, 가까운 동네를 행진 한다.

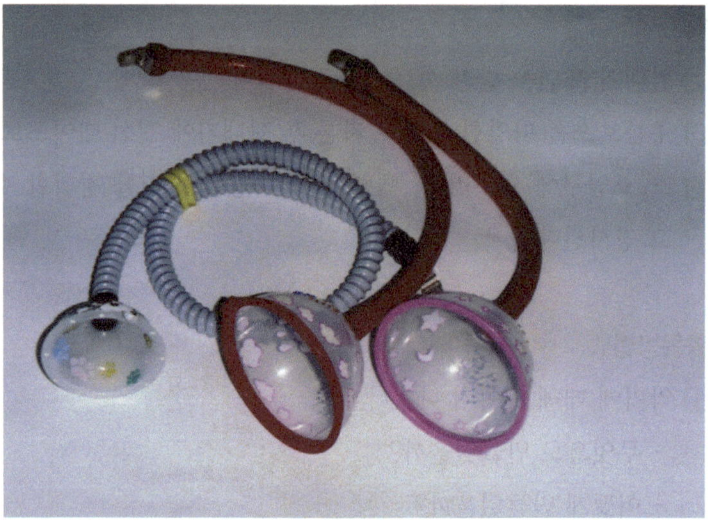

활동 5 드 럼

제작 준비물

- 여러 종류의 병과 통 (커피, 캔, 플라스틱 우유 병, 플라스틱 통, 아이스크림 통, 컵 라면 통 등) 두꺼운 고무줄, 색 시트지, 아세테이트지, 헝겊 ,가죽, 채

활동 준비물

- 제작한 악기, 여러가지 두드릴 수 있는 채 , 음악 (달팽이집)

악기 제작 과정

- 준비한 여러 종류의 병을 색 시트지로 꾸민다.
- 두들기는 부분을 헝겊이나 아세테이트지, 가죽 등으로 덮은 뒤 고무줄로 팽팽이 묶는다.

활동방법

1 악기에 대해 이야기 나눈다.
  - 이것이 무엇인 것 같니?
  - 무엇으로 만들었을까?
  - 어떻게 만들었을까?

2 악기 연주하는 방법에 대해 이야기한다.
  - 어떻게 하면 소리가 날까?
  - 어떤 소리가 날까?

3 손으로 각각의 드럼을 두드려 본다.

4 여러 가지 다른 종류의 드럼의 소리를 서로 비교해 본다.
  - 손으로 두드렸을 때와 채로 두드렸을 때 어떻게 소리가 다르니?

- 무엇으로 두드렸을 때 소리가 가장 크게 들렸니?

5 음악 "달팽이 집"노래를 부르며 자유롭게 악기를 연주한다.
- "점점 크게"를 부를 때는 어떻게 악기를 두드려야 할까?
- " 점점 작게"를 부를 때는 어떻게 악기를 두드려야 할까?

6 노랫말을 바꾸어 다양한 방법으로 악기를 연주한다.
- 한 번 크게, 한 번 작게, 한 번 크게, 한번 작게
- 두 번 크게, 두 번 작게, 두 번 크게, 두 번 작게

달팽이 집

활동 6 드럼 스틱

제작 준비물

– 튀김 젓가락 여러개, 실타래, 호두 , 스티로폴 공, 슈퍼 공, 연필, 지우개, 고무 풍선, 천, 호두, 플라스틱 통, 쌀 , 나사

활동 준비물

– 두드릴 수 있는 모든 악기, 음악(뚝딱 뚝딱)

악기(채) 제작 과정

1. 튀김 젓가락을 준비한다.
2. 재질이 다른 각각의 재료에 나무 젓가락이 들어 갈 수 있도록 구멍을 뚫는다.
3. 실리콘을 사용해 나무 젓가락과 각각의 재료를 튼튼하게 부착시킨다.
   (지우개 스틱, 나사스틱, 스티로폼 공 스틱, 코르크마개 스틱, 솜 등)

활동방법

1. 두드릴 수 있는 모든 악기(북, 장고, 소고, 꽹과리.....)를 두드려 본다.
   – 여러 가지 채로 악기를 두드려 보자
   – 가장 소리가 크게 들린 채는 어떤 것이었니?
   – 가장 소리가 나지 않는 채는 어떤 것이었니?
   – 왜 그럴까?

2. 유치원의 실내 · 외 두드릴 수 있는 곳을 두드려본다.
   – 책상을 두드리면 무슨 소리가 날까?
   – 벽을 두드리면 무슨 소리가 날 것 같니?
   – 유치원 바닥도 두드려 보자

3. 노래(뚝딱 뚝딱)을 부르며 다양한 채를 두드려 본다.

- 어떤 채로 두드렸을 때 가장 재미있었니?
- 왜 가장 재미있었을까?
- 어떤 채로 두드렸을 때 가장 재미가 없었니?
- 무엇 때문에 그런 것 같니?

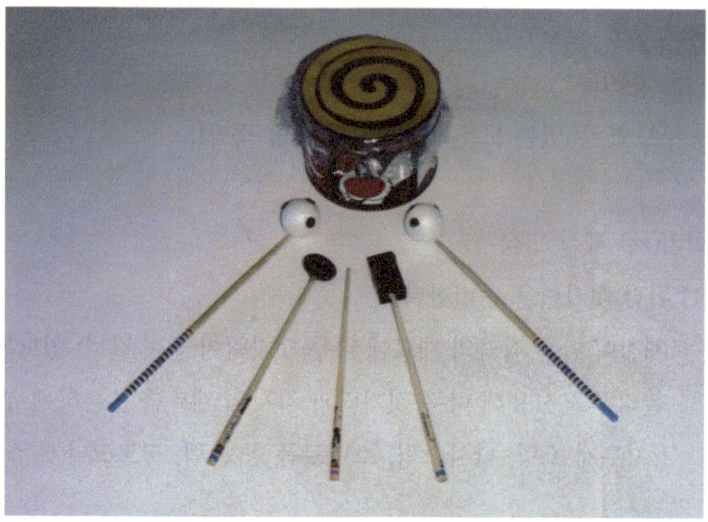

뚝딱 뚝딱

외국곡

활동 7 소리나는 장갑

제작 준비물

- 손가락 장갑, 땅콩, 단추, 실리콘, 실, 마늘

활동 준비물

- 제작한 악기, 음악("무슨 소리날까요?") , 베토벤의 피아노 음악 " 엘리제를 위하여"

악기 제작 과정

1. 땅콩을 반절로 잘라 속을 비운 다음 땅콩 겉을 꾸민다.

2. 손가락 장갑 끝에 땅콩 깍지, 단추 등을 10개씩 한 쌍이 되도록 붙인다.

활동방법

1. 악기에 대해 이야기 나눈다.
   - 이것은 무엇일까?
   - 무엇으로 만들었을까?
   - 어떤 소리가 날까?
   - 이 장갑도 악기가 될 수 있을까?

2. 땅콩 깍지, 단추를 끼운 손가락 장갑을 양손에 끼고 박수를 치면서 소리를 내 어 본다.

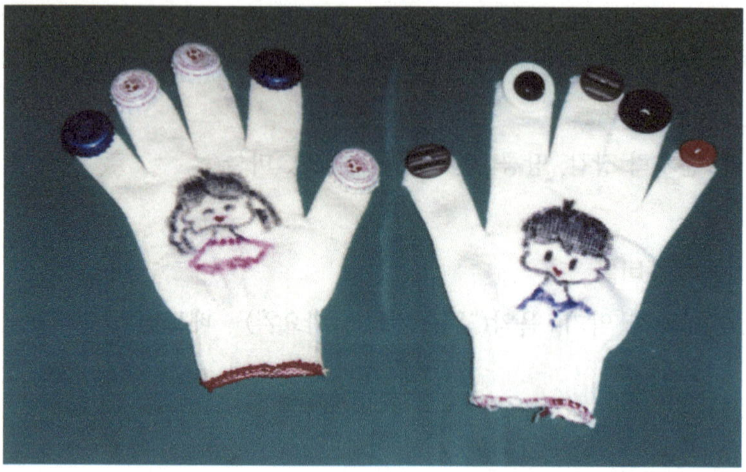

③ "엘리제를 위하여" 음악에 맞추어서 책상 위, 플라스틱 위, 금속 위, 나무 위 등 을 두드리며 소리내어 본다.

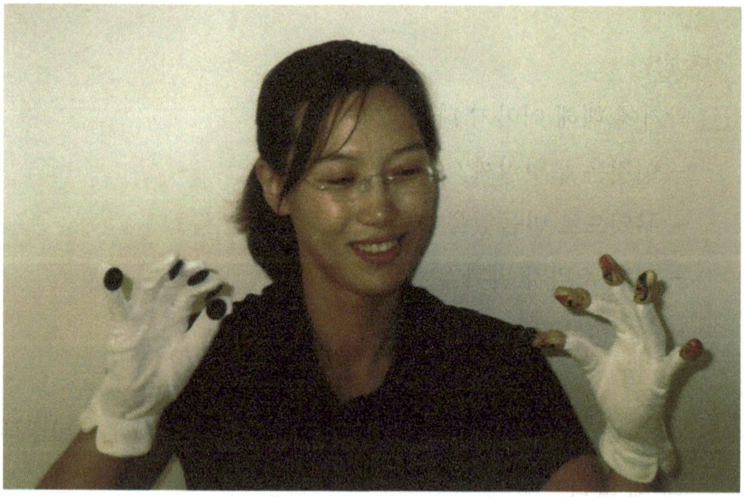

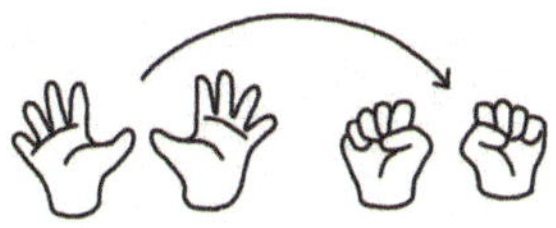

물결모양(Waving)

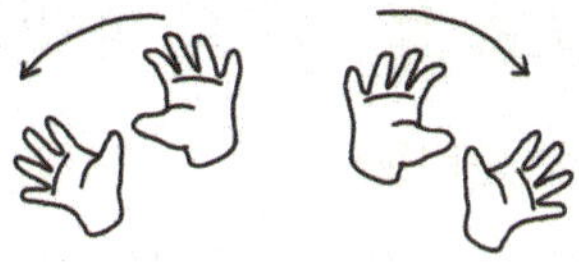

닦는 모양(Wipers)

반짝반짝(Shaking)

가리키기(Pointing)

박수치기(Clapping)

바닥치기(Patting)

오므렸다펴기(Flicking)

돌리기(Rolling)

출처 〈한국유아교육학회, 전남 · 광주지회, 1997〉

활동 8 물 컵 소리내기

제작 준비물

- 포도주 잔 , 물컵, 물, 젓가락이나 스푼

활동 준비물

- "무슨 소리 날까요" 노래(음악감상편 참고)

악기 제작 과정

1. 여러 개의 포도주 잔에 물의 양을 달리하여 붓는다.

활동방법

1. 악기에 대해 이야기 나눈다.
   - 이것이 무엇이니?
   - 물을 자세히 보겠니?
   - 물의 양이 어떻게 다르니?
   - 어떻게 하면 소리가 날 수 있을까?
   - 어떤 소리가 날까?

2. 손가락에 물을 묻혀 컵의 가장자리 부분을 문지르며 소리를 내어 본다.
   - 이 컵으로 물을 먹는다면 어디를 손으로 잡아야 할까?
   - 아래 부분을 손으로 잡고 다른 한 손가락에 물을 묻힌 다음 컵의 테두리를 문질러 보자
   - 무슨 소리가 났니?
   - 입으로 소리를 흉내내어 볼 수 있겠니?

3. " 무슨 소리 날까요?" 노래의 노래 말을 개작하여 노랫말에 맞추어 문지르며 노래를 불러본다.

- 무슨 소리 날까요? -

문지르고 문지르면 무슨 소리 날까요? (문지르며 소리를 내어본다.)

문지르고 문지르면 무슨 소리 날까요? (입으로 소리를 내어 본다.)

4 물컵 8개에 물의 양을 조절(도 ~ 도)하여 두드려 본다.

- 선생님이 젓가락으로 물컵을 두드려 볼게, 너희들도 선생님처럼 살짝 두 드 려 볼 수 있겠니?
- 무슨 소리가 나니?
- 왜 소리가 다르게 날까?

활동 9 새총 하프

제작 준비물

– Y자형 나무 막대기, 낚시 줄, 작은 막대기

활동 준비물

– 새총 하프, 하프로 연주된 음악

악기 제작 과정

1. Y자형의 나무 막대기를 준비한다.
2. 나무에 약간의 홈을 판 다음 낚시 줄에 종, 단추, 방울등을 끼운 다음 팽팽하게 감는다.

활동방법

1. 악기에 대해 이야기 나눈다.
   - 이 것은 무엇일까?
   - 무슨 모양을 닮았니?
   - 어떻게 만들었을까?
   - 이 것도 악기가 될 수 있을까?
   - 어떻게 하면 소리가 날까?
   - 어떤 소리가 날까?

2. 낚시 줄을 손가락으로 튕기거나 잡아 당겨 소리를 내어 본다.
   - 소리를 내어 볼 수 있겠니?
   - 손가락으로 소리를 내어보자
   - 작은 막대기로 줄을 튕기거나 잡아당겨 소리내어 보자.
   - 어떻게 했을 때 소리가 가장 잘 났었니?

3. 음악을 들으며 자유스럽게 악기 소리를 내어본다.

활동 10 가야금처럼

제작 준비물

- 우유팩, 기타줄, 손 나사, 자(50㎝ 이상), 칼

활동 준비물

- 제작한 악기, "맹꽁" 전래동요

악기 제작 과정

1. 우유팩을 씻어 말린다.
2. 우유팩 입구를 접착제로 붙인다.
3. 그림과 같이 준비된 자가 들어 갈 수 있는 크기로 우유팩을 칼로 자른다.
4. 그림과 같이 잘라진 부분에 준비된 자를 끼운다.
5. 우유팩 윗 부분을 낚시 줄이 연결될 수 있도록 칼로 자른다.
6. 송곳으로 양쪽 끝에 구멍을 낸다.
7. 구멍난 부분에 손 나사를 끼운 후 나사와 나사를 기타 줄로 연결시킨다.
8. 손 나사를 조여 줄을 팽팽하게 한다.

활동방법

1. 악기에 대해 이야기 나눈다.
   - 무엇으로 만든 것이니?
   - 어떻게 만들었을까?
   - 무엇처럼 생겼니?
   - 어떤 소리가 날까?
2. 우유팩을 줄의 왼쪽, 가운데, 오른쪽으로 옮기면서 줄을 튕겨 본다.
3. 줄의 왼쪽은 손으로 누르고 줄의 오른쪽은 손이나 막대기로 튕겨 본다.
4. "맹꽁" 음악을 들으며, 노래를 부르며 자유스럽게 연주해 본다.

맹꽁

이성천 곡

활동 11 봉투 연주

제작 준비물

- 크기가 다른 다양한 종이 봉투(편지봉투, 노란색 편지 봉투, 서류봉투, 쇼핑백, 비닐 봉투 등), 비닐봉투, 팥, 쌀 등 굵기가 다른 여러 가지곡식, 리본 끈

활동 준비물

- 제작한 봉투 악기, 빈 봉투, "엄마돼지 아기돼지" 노래

악기 제작 과정(유아와 함께)

1. 각각의 종이 봉투를 준비하여 팥, 쌀 등 여러 가지 곡식을 넣고 리본 끈으로 묶는다.
2. 다양한 비닐 봉투를 준비하여 각각 쌀과 팥 등을 넣은 다음 리본 끈으로 묶는다.
3. 봉투에 곡식 명칭을 표기한다.

활동방법

1. 악기에 대해 이야기 나눈다.
   - 우리가 이것을 어떻게 만들었지?
   - 봉투 안에 무엇을 넣었지?

2. 봉투를 소리내어 본다.
   - 봉투를 흔들어 소리를 내어 보겠니?
   - 두 손에 봉투를 잡고 흔들어 보겠니?
     오른 손, 왼 손 번갈아 가면서 흔들어 보겠니?
   - 어떤 봉투는 왜 소리가 나지 않을까?
   - 이 봉투에는 아무 것도 들어 있지 않구나 그래서 소리가 나지 않았구나
   - 어떤 봉투가 가장 소리가 크게 났니?

- 가장 소리가 큰 것부터 차례대로 놓을 수 있겠니?

③ "엄마돼지 아기돼지" 노래에 맞추어 악기를 연주해 본다.

- 노래를 부르다가 어느 부분에서 봉투 연주를 해야 어울릴까?
- 높게 부르는 "꿀꿀"에서는 어느 봉투로 연주해야 어울릴까?
- 낮고 굵게 부르는 " 꿀꿀" 에서는 어느 봉투로 연주해야 어울릴까?

엄마돼지 아기돼지

박홍근 작사
김규환 작곡
이민경 동작

활동 12 몸에서 나는 소리

활동 준비물

- "나 따라 해 봐요" 노래

활동방법

1 수수께끼를 내어 신체의 여러 부위를 알아 맞추어 본다.
- 나는 두 개예요.
- 나는 검정색과 흰색으로 되어 있어요
- 모양은 동그라미처럼 생겼어요
- 내 위에 털이 나 있어요
- 나는 볼 수 있어요

2 우리 몸 중에서 소리낼 수 있는 곳을 찾아본다.
- 우리 몸 중에서 소리를 낼 수 있는 곳은 어디일까?
- 어떻게 소리를 낼 수 있을까?
(손뼉치기, 엄지와 중지로 소리내기, 어깨 두드려 소리내기, 혀로 소리 톡 톡 소리내기, 볼을 손바닥으로 가볍게 쳐보기, 헐떡이며 소리내기, 불어서 소리내기, 입술을 손바닥으로 치며 버버버 소리내기, 물고기 처럼 버금버 금 소리내기, 무릎치며 소리내기, 모듬 발로 소리내기, 한발로 소리내기, 두발 번 갈아가며 소리내기, 제자리 달리기하며 소리내기.........)
- 어떻게 하면 재미있게 소리낼 수 있을까?

3 "나 따라 해봐요" 노래에 맞추어 소리를 내어 본다.
- 선생님이 먼저 소리를 내어 볼 테니 소리를 내어보자
- 누가 소리를 내어 보겠니?

나를 따라 해봐요

활동 13 비 소리 마라카스

제작 준비물

– 메추리 알 판, 나무젓가락, 접착 테이프, 빨대, 콩, 쌀, 옥수수, 모양 스티커

활동 준비물

– 제작한 악기, 음악(빗방울)

악기 제작 과정

1. 메추리 알 판의 볼록한 부분에 모양 스티커를 붙여 구멍을 막는다.
2. 메추리 알 판 안에 빨대 자른 것, 콩, 쌀, 옥수수등의 곡식을 넣고 메추리 알 판 두 개를 맞대어 접착 테이프로 붙인다.
3. 손잡이가 없는 메추리 알 판은 나무 젓가락을 끼어 손잡이를 만든다.

활동방법

1. 악기를 탐색하며 이야기 나눈다.
   – 무엇으로 만든 것이니?
   – 무엇이 들어있었는지 알 수 있겠니?
   – 어떤 소리가 날까?

2. 악기 소리를 내어본다.
   – 흔들면 어떤 소리가 날까?
   – 위 · 아래로 돌리면 어떤 소리가 날까?
   – 눈을 감고 위 · 아래로 돌려볼까? 어떤 소리와 비슷하니?

3. 빗방울 노래를 부르며 악기를 연주한다.
   – '스르르르' 부분에서 악기를 어떻게 하면 비슷한 소리가 날까?
   – '흔들 흔들' 부분에서 악기를 어떻게 움직이면 좋을까?

– '출렁 출렁' 부분에서 악기를 어떻게 움직이고 싶니?

빗방울

원치호 작사
권길상 작곡

활동 14 딸랑이 소리

제작 준비물

- 양말의 목 부분, 천으로 된 머리끈(곱창 밴드), 다양한 크기의 방울, 리본, 뽕뽕이, 실, 바늘

활동 준비물

- 제작한 악기, 음악(바둑이 방울, 그대로 멈춰라)

악기 제작 과정

1. 양말 목 부분(고무밴드)을 자르고 실로 시침질 한 후 방울, 리본, 뽕뽕이 등을 단다.
2. 천으로 된 머리 끈에 방울, 리본, 뽕뽕이 등을 단다.

활동방법

1. 악기를 탐색하며 이야기 나눈다.
   - 무엇으로 만든 것이니?
   - 무엇이 달려있니?
   - 어떤 소리가 날까?

2. 악기 소리를 내어본다.
   - 어떻게 하면 소리가 날까?
   - 손목에 끼우고 팔을 흔들어 볼까?
   - 발 목에 끼우고 발을 움직여 볼까?
   - 걸을때는 어떻게 소리가 날까?
   - 달려갈 때는 어떻게 소리가 날까?
   - 팔과 발을 함께 움직여 소리를 내어 볼까?

3 바둑이 방울 노래를 부르며 악기 소리를 내어 본다.
- 강아지가 되어 볼까?
- 강아지처럼 움직여 보자,

4 그대로 멈춰라를 개사하여 불러준다.
- 강아지 처럼 움직이다가 그대로 멈춰라
  강아지 처럼 움직이다가 그대로 멈춰라
  눈도 감지 말고 웃지도 말고 울지도 말고 움직이지마

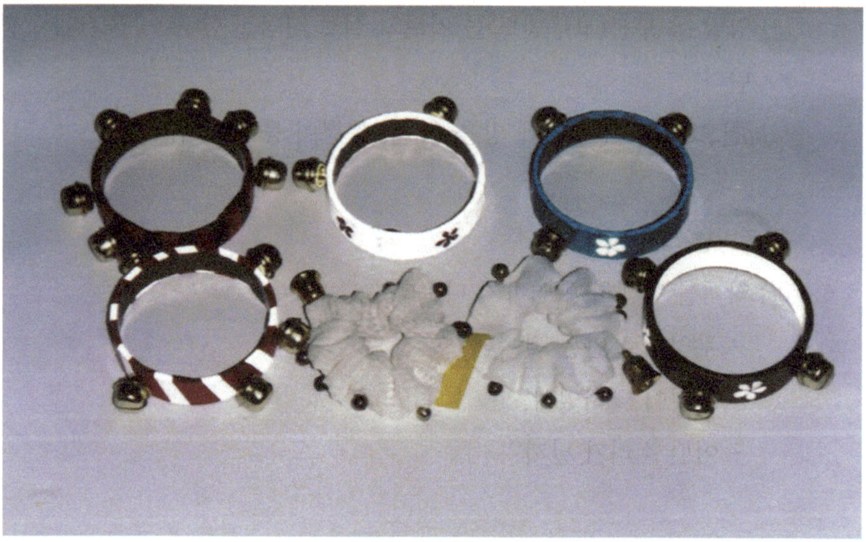

바둑이 방울

김규환 작사
김규환 작곡

활동 15 드럼 치며 행진을

제작 준비물

- 끈 벨트, 스텐레스로 된 국수 그릇 2개, 나무 채 2개, 스텐실 재료나 칼라 시트지

활동 준비물

- 제작한 악기, 음악(카르멘의 서곡)

악기 제작 과정

1. 스텐레스 그릇에 스텐실이나 칼라 시트지로 장식을 한다.
2. 그릇의 측면에 벨트 끈 넓이만큼 구멍을 뚫는다.
3. 구멍에 벨트를 끼워 2개의 그릇에 벨트를 고정시킨다.

활동방법

1. 악기를 탐색하며 이야기 나눈다.
   - 무엇으로 만들었을까?
   - 어떤 악기와 모습이 닮았니?

2. 악기 소리를 내어본다.
   - 어떻게 소리를 낼 수 있을까?
   - 어디에 놓고 소리를 내면 좋을까?
   - 왜 벨트로 끈을 만들었을까?

3. 카르멘 서곡 음악에 맞추어 악기연주를 하며 행진한다.
   - 이 음악의 느낌이 어떠니?
   - 이 음악을 들으면서 무엇을 하면 좋겠니?
   - 음악에 맞추어 걸어 볼까?

- 악기를 허리에 차고 악기를 두드리면서 걸어 볼까?

활동 16 주방기구들의 소리

제작 준비물

- 거품기, 숟가락, 포크, 가위와 같은 위험하지 않은 소리나는 주방기구, 두드릴 수 있는 채

활동 준비물

- 제작한 악기, 음악(유치원에 갑니다)

악기 제작 과정

1. 거품기, 포크, 가위와 같은 주방기구를 실로 묶어 줄이나 행거에 매단다.

활동방법

1. 악기를 탐색하며 이야기 나눈다.
   - 여기에 무엇이 있니?
   - 어디에서 사용하는 물건들이니?

2. 악기 소리를 내어본다.
   - 어떻게 소리를 낼 수 있을까?
   - 무엇으로 두드리면 소리가 잘 날까?
   - 무엇이 가장 큰 소리가 나니?
   - 무엇이 가장 작은 소리가 나니?

3. 노래를 부르며 악기연주를 해 본다.
   - 다함께 노래를 불러보자
   - '짱짱～' 에서는 무엇을 쳐볼까?
   - '죽 죽～' 에서는 무엇을 쳐볼까?
   - '쌩쌩～' 에서는 무엇을 쳐볼까?
   - '펑펑～' 에서는 무엇을 쳐볼까?

유치원에 갑니다

김성균 작사
김성균 작곡

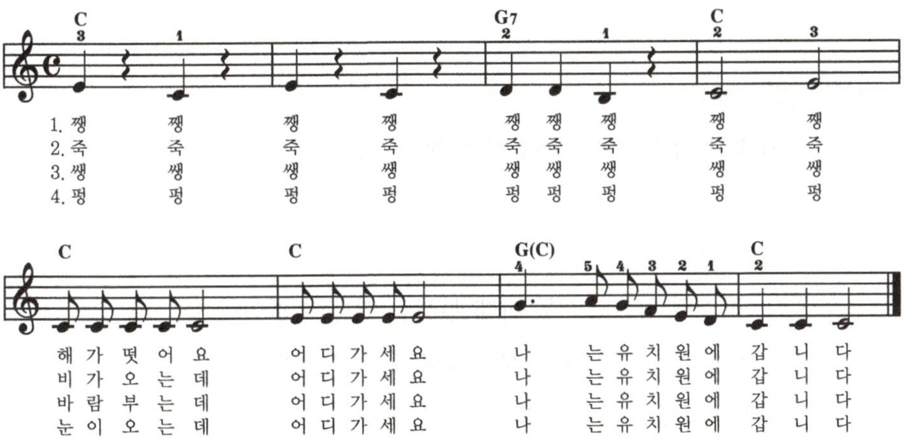

활동 17 장구

제작 준비물

- 플라스틱 화분 2개, 하드보드지, 접착제, 한지, 칼라 시트지, 니스, 끈, 두드릴 수 있는 장구 채

활동 준비물

- 제작한 악기, 음악(우리 집에 왜 왔니)

악기 제작 과정

1. 프라스틱 화분 2개를 아래 부분을 맞대어 붙인다.
2. 장구치는 부분은 하드보드지로 오려 접착제로 붙인다.
3. 악기 전체를 한지로 여러 겹 붙인 후 그늘에 말린다.
4. 다 마른 후 한지 니스를 칠한다.
5. 장구치는 부분에 칼라시트지를 이용하여 태극 무늬를 꾸민다.
6. 장구 둘레에 일정 간격으로 구멍을 내어 장구 줄을 연결한다.

활동방법

1. 악기를 탐색하며 이야기 나눈다.
   - 이것이 무엇인지 아니?
   - 어디를 두드려야 소리가 잘 날까?

2. 악기 소리를 내어본다.
   - 어떻게 소리를 낼 수 있을까?
   - 무엇으로 두드리면 소리가 잘 날까?
   - 손바닥으로 두드려 볼까?

   - 막대기(장구채)로 두드려 볼까?

- 손으로 두드렸을 때와 막대기로 두드렸을 때 무엇이 다르니?
- 손바닥과 막대기로 함께 두드려 볼 수 있겠니?

③ 노래를 들으며 악기 연주를 해 본다.
- 노래를 들어본다.
- 노래를 들으며 장구를 쳐 볼 수 있겠니?
- 노래를 함께 불러 볼까?
- 노래를 부르면서 악기를 연주할 수 있겠니?

④ 악기 연주하는 유아를 정한 뒤 나머지 유아들을 두 팀으로 나누어 악기 연주에 맞추어 게임을 할 수 있게 한다.
(게임 방법을 설명한 뒤)
- 상대편 집을 방문하러 갈 때 악기 소리에 맞추어 갈 수 있을까?
- 상대편 집을 방문하러 갈 때 악기 연주를 해 줄 수 있겠니?

우리 집에 왜 왔니

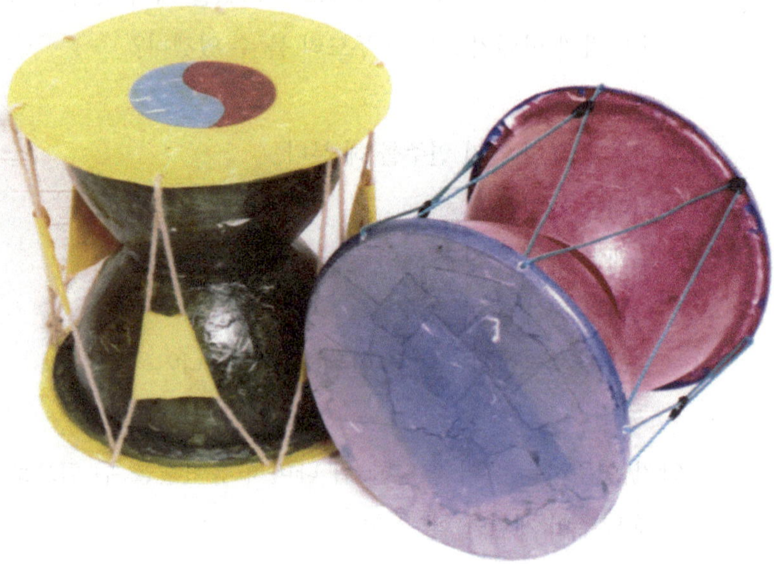

〈우리집에 왜 왔니 게임 방법〉

1. 유아를 두 팀으로 나눈 다음 일정한 거리(8-10걸음 거리)를 두고 마주 본 상 태에서 옆 친구의 손을 잡고 선다.
2. 먼저 한 팀(손님)이 다른 한 팀을 향해 걸어가면 상대편 팀(주인)은 서 있는 상태에서 "우리 집에 왜 왔니 왜 왔니 왜 왔니" 노래를 부른다.
3. 상대편으로 출발해서 도착한 팀(손님)은 " 꽃 찾으러 왔단다 왔단다 왔단 다." 노래를 부른다.
4. 주인 팀은 " 무슨 꽃을 찾으러 왔느냐 왔느냐" 노래를 부른다.
5. 손님 팀은 주인 팀 중에 한 유아를 선택하여 " OO꽃을 찾으러 왔단다 왔단 다" 라고 이름을 부른다.
6. 그런 다음 주인팀의 불리워인 유아와 손님팀의 한 유아가 " 가위 바위 보" 를 한다.
7. 가위 바위 보에서 진 유아가 이긴 유아의 팀으로 가서 한 팀이 된다.

활동 18 김발귀로

제작 준비물

- 김발 3-4 개, 나무젓가락, 연필, 수수깡, 빨대, 긁을 수 있는 채

활동 준비물

- 제작한 악기, 음악(우주인의 비밀 신호)

악기 제작 과정

1. 각각의 김발 위에 나무 젓가락, 연필, 수수깡, 빨대등을 중앙(6㎝)에 빈 공간을 두고 붙인다.
2. 김발의 양쪽 끝에 끈으로 손잡이를 만든다.

활동방법

1. 악기를 탐색하며 이야기 나눈다.
   - 이것을 본 적이 있니?
   - 무엇을 할 때 사용한 것이니?

2. 악기 소리를 내어본다.
   - 어떻게 소리를 낼 수 있을까?
   - 채로 긁어서 소리낼 수 있을까?
   - 양 끝을 잡고 문지르며 소리낼 수 있을까?
   - 무엇으로 만든 악기가 가장 소리가 잘나니?
   - 왜 소리가 가장 클까?
   - 또 다른 방법으로 소리낼 수 있는 방법이 없을까?

3. 음악(우주인의 비밀번호)을 들어본다.
   - 무엇을 표현한 노래인 것 같니?
   - 가장 재미있었던 곳은 어디이니?
   - 입으로 표현해 볼 수 있겠니?

- 무슨 뜻일까?
- 무엇을 표현한 말일까?

4 음악에 맞추어 노래를 부르면서 악기연주를 해 본다.

- 어느 부분에서 이 악기를 연주하고 싶니?
- 노랫말과 비슷한 소리를 낼 수 있을까?

우주인의 비밀신호

외국곡
유애열 편역

활동 19 소리나는 신발

제작 준비물

- 유아용 덧신이나 슬리퍼 또는 신발(교사용 덧신으로 교사용 제작), 바둑알, 장식용 꽃이나 소품

활동 준비물

- 제작한 악기, 음악(두발 또는 탬댄스 음악)

악기 제작 과정

1. 유아용 덧신이나 슬리퍼의 바닥에 실리콘을 이용하여 바둑알을 붙인다.
2. 장식용 꽃이나 소품으로 장식을 한다.

활동방법

1. 교사가 신발을 신고 소개한다.
   - 선생님 발을 살펴보겠니?
   - 신생님이 무엇을 신었니?
   - 다른 신발과 무엇이 다르니?

2. 신발을 신고 움직이며 악기 소리를 내어본다.
   - 어떻게 소리를 낼 수 있을까?
   - 뒤뚱뒤뚱 걸어볼까?
   - 사뿐 사뿐 걸으면 어떻게 소리가 날까?

3. 신발을 신고 노래(두발)를 부르며 자유스럽게 춤을 춘다.
   - 노랫말에 맞추어 춤을 추어 볼까?
   - 이번에는 신발을 신고 춤을 추어 볼까?
   - 어느때가 더 재미있었니?
   - 왜 그런 것 같니?

두 발

※ 출처 : 교육부(1996). 유아음률교육활동자료

활동 20 물위에서 바가지를 두드려요

제작 준비물

- 물을 담을 수 있는 대야, 박으로 만든 바가지(프라스틱 바가지도 가능) , 물, 두드릴 수 있는 채

활동 준비물

- 제작한 악기, 음악(남생아 놀아라), 남생이 사진

악기 제작 과정

1. 물을 담을 수 있는 큰 대야에 물을 3분의 1정도 담는다.
2. 물 위에 바가지를 엎어놓는다.

활동빙법

1. 악기를 살펴본다.
   - 여기에 무엇이 있니?
   - 바가지를 본 적이 있니?
   - 이 바가지는 무엇으로 만들었을까?

2. 바가지를 두드리며 소리를 내어본다.
   - 교실 바닥에 놓고 손 바닥으로 바가지를 두드려 볼까?
   - 물 위에 엎어 놓고 두드려 볼까?
   - 소리가 어떻게 다르니?
   - 채로 두드려 볼까?
   - 물 위에서 바가지를 두드렸을 때 물이 어떻게 되었니?
   - 옛날에는 악기가 많지 않아서 노래를 부르면서 바가지를 두드리며 노래를 부르기 도 하였단다.

3 바가지를 두드리며 노래(남생아 놀아라)를 불러본다.

- 남생이는 거북이와 비슷하게 생겼는데 여기에 있는 것과 같은 물 속에서 사는 동물이야, 남생이가 여기 물 속에서 놀고 있다고 생각하며 노래를 불러보자.
- 바가지를 손 바닥으로 두드리며 노래를 불러볼까?
- 이번에는 채로 두드리며 노래를 불러볼까?

남생아 놀아라

활동 21 대나무 귀로

제작 준비물

- 대나무2-3개, 사포, 톱, 나무 막대

활동 준비물

- 제작한 악기, 나무 막대나 나무 주걱

악기 제작 과정

1. 대나무를 사포로 매끄럽게 문지른다.
2. 대나무를 톱으로 홈을 낸다(홈의 간격이 다르게 2-3개를 만든다).

활동방법

1. 악기를 살펴본다.
   - 이것이 무엇일까?
   - 대나무가 어떻게 되었니?
   - 여기에 대나무들이 어떻게 다르니?

2. 대나무를 다양한 방법으로 소리를 내어본다.
   - 어떻게 하면 소리가 날까?
   - 다른 한 손으로 대나무의 어디를 잡아야 할까?
   - 또 다른 방법은 없을까?
   - 위에서 아래로 문질러 보자.
   - 아래에서 위로 문질러 볼까?
   - 천천히 문질러 볼까?
   - 아주 빨리 문질러 보자
   - 계속해서 문질러 보자
   - 대나무를 탁탁 두드려 볼까?

- 대나무에서 나는 소리를 입으로 표현해 볼까?

3 카드의 표시대로 연주해 본다.

- 선생님이 카드를 보여주면 그림처럼 대나무를 연주해 보세요.
- 이 그림은 어떻게 움직이라는 표시일까요?
  (아래에서 위로, 위에서 아래로, 여러 번, 거북이처럼 천천히, 다람쥐처럼 빨리, 톡톡 치기)
- 둘이서 짝(한 친구는 카드를 보여주고 다른 친구는 연주하는)이 되어 연주해 볼 수 있겠니?

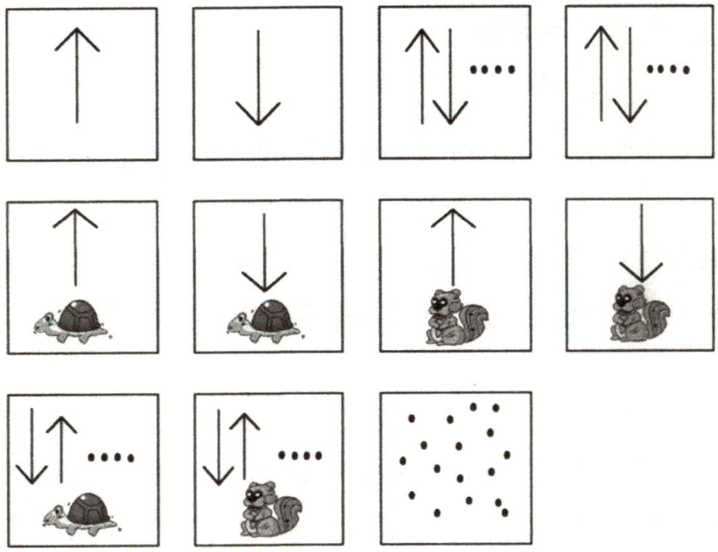

활동 22 둥둥둥

제작 준비물

- 크기가 다른 고무대야 각각 2개씩 4개(쌍으로), 접착제, 칼라 시트지

활동 준비물

- 제작한 악기, 북채, 노래(큰 북을 울려라)

악기 제작 과정

1. 크기가 같은 고무대야 2개의 가장자리에 접착제를 바르고 맞대어 붙인다. 같은 방법으로 다른 고무대야 2개도 같은 방법으로 맞대어 붙인다.
2. 칼라 시트지로 장식을 한다.

활동방법

1. 악기를 살펴본다.
   - 이것이 무엇일까?
   - 무엇으로 만들었을까?
   - 어디에서 보았니?
   - 무슨 모양을 닮았니?

2. 다양한 방법으로 북을 두드려 본다
   - 북을 바닥에 놓고 두 손으로 두드려 볼까?
   - 소리를 입으로 내어 볼 수 있겠니?
   - 이번에는 채로 두드려 보자
   - 소리를 입으로 내어 볼 수 있겠니?
   - 무엇으로 두드렸을 때 소리가 더 작았니?
   - 한 손에만 채를 들고 두 손으로 두드려 볼까?
   - 이번에는 다른 크기의 북을 두드려 보자

③ 노래(큰 북을 울려라)를 부르며 북을 두드려 본다.

큰 북을 울려라 악보에 가사를 개사하여 넣는다.

리듬악기 노래

이계석 작사
이계석 작곡

2절

큰 북을 손으로 둥둥둥

큰 북을 나무채로 톡톡톡

작은 북을 손으로 작은 북을 나무채로

다함께 울려요 동톡동

우리 모두 다함께 즐겁게 연주해

활동 23 음악 듣고 선으로 표현하기

활동 준비물

- 나비모양의 종이, 그리기 도구, 대조대는 음악(베토벤의 피아노 소나타 월광, 하차투리안의 가야네 중 칼의 춤)

활동방법

1 대조되는 2종류의 음악을 함께 듣는다.

- 이 음악을 들으니 어떤 느낌이 드니?
- 두 음악이 어떤 차이점이 있니?
- 이 음악 중 어떤 음악이 마음에 드니?

2 음악을 듣고 선으로 표현해 본다.

- 이 음악을 들으면서 마음속으로 그림을 그리면서 들어보자 .
- 음악을 들으면서 공간에 손으로 그리면서 들어보자.
- 이번에는 종이에 그려볼 수 있을까?

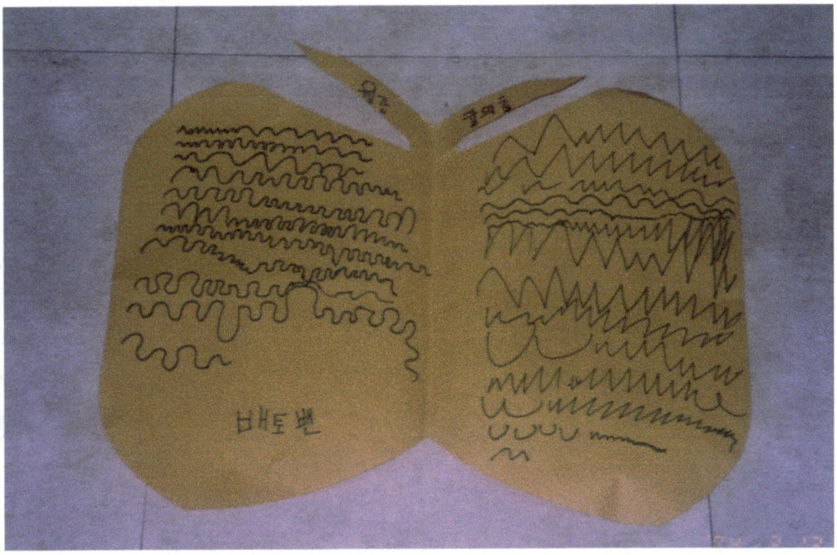

활동 24 음악 듣고 그림으로 표현하기

활동 준비물

- 종이, 그리기 도구, 백조의 호수(그림책), 음악(차이코프스키의 백조의 호수)

활동방법

1. 그림책을 들려준다.
   - 이야기 속에 나온 사람은 누구누구이니?
   - 가장 기억에 남은 모습은 어떤 장면이니?
   - 어떨 때 가장 안타까웠었니?
   - 어떨 때 가장 기분이 좋았었니?

2. 음악을 듣고 그림으로 표현해 본다.
   - 이 음악은 그림책의 제목과 같은 이름을 가지고 있어, 그림책 속의 이야기를 음악으로 만들었기 때문에 제목이 같은 거야
   - 이 음악을 들으면서 마음속으로 그림을 그리면서 들어보자 .
   - 음악을 들으면서 이번에는 종이에 생각나는 그림을 그려볼 수 있을까?

활동 25 그림책(아기돼지 삼형제) 읽고 노래로 불러보기

활동 준비물

- 아기돼지 삼형제 그림책, 악보, 손유희

활동방법

1. 그림책을 들려준다.
   - 그림책에 모두 몇 마리의 돼지가 나왔니?
   - 누가 나왔니?
   - 첫째 돼지는 무엇으로 집을 지었니?
   - 그래서 어떻게 되었지?
   - 둘째 돼지는 무엇으로 집을 지었니?
   - 그래서 어떻게 되었니?
   - 세 번째 돼지는 무엇으로 집을 지었니?
   - 그래서 어떻게 되었어?

2. 이야기를 노래로 들어본다.
   - 이야기를 음악으로 만든 노래를 들어보자
   - 노랫말이 어떤 이야기의 내용이니?

3. 노랫말을 손유희로 표현해 본다.
   - "첫 번째 돼지가 집을 짓는데" 는 어떻게 표현했으면 좋겠니?

아기돼지 삼형제

1. 첫번째 돼지가 집을 짓는데 짚으로 차곡차곡 집을 짓는데
   늑대가 나타나 늑대가 나타나 후 ~ 쾅 날아가 버렸대요
2. 두 번째 돼지가 집을 짓는데 나무로 차곡차곡 집을 짓는데
   늑대가 나타나 늑대가 나타나 후~ 쾅 무너져 버렸대요
3. 세번째 돼지가 집을짓는데 벽돌로 차곡차곡 집을 짓는데
   늑대가 나타나 늑대가 나타나 후~쾅 끄떡도 없었어요
4. 더 높은 집을 지읍시다. 더 넓은 집을 지읍시다
   튼튼한 집을 지읍시다 두손을 무릅에

*손유희

첫 번째 돼지가	검지를 편 후, 양 볼을 주먹으로 가볍게 두드린다.
집을 짓는데	검지를 세워 네모 모양을 만든다.
짚으로 차곡차곡 집을 짓는데	양 손을 계단 모양으로 차곡차곡 올린다.
늑대가 나타나 늑대가 나타나	먼저 오른편부터 차례로 양 손을 늑대의 귀 모양으로 만들어 자신의 귀 높이에서 쓰러 내린다.
후	오른 손 바닥을 위로하여 입으로 '후' 하고 분다.
꽝	손뼉을 크게 한 번 친다.
날아가 버렸대요	손뼉을 친다.
두 번째 돼지가	검지, 중지를 편 후, 양 볼을 주먹으로 가볍게 두드린다.
세 번째 돼지가	검지, 중지, 약지를 편 후, 양 볼을 주먹으로 가볍게 두드린다.
무너져 버렸대요	양 손등이 보이도록 나란히 하여 좌?우로 흔들며 점점 아래로 내린디.
끄떡도 없었어요	한 손으로 반대편 팔꿈치를 받치고 다른 한 손은 좌우오 흔든다.
더 높은 집을 지읍시다	양 손을 계단 모양으로 차곡차곡 올린다.
더 넓은 집을 지읍시다	양 손을 점점 옆으로 넓게 벌린다.
튼튼한 집을 지읍시다	양 주멱을 쥐고 위?아래로 두드린다.
두 손을 무릎에	양 손을 포개어 무릎 위로 올린다.

(참고, 동화를 활용한 손동작, 신은희외)

활동 26 그림책(여우와 포도)읽고 노래로 불러보기

활동 준비물

- 여우와 포도 그림책, 악보, 손유희

활동방법

1 그림책을 들려준다.

- 그림책에 누가 나왔니?
- 여우는 목이 말라서 어떻게 했니?
- 포도를 어떻게 따려고 애를 써지?
- 여우처럼 표현해 볼 수 있겠니?
- 그래서 여우가 어떻게 했니?

2 이야기를 노래를 들어본다.

- 이야기를 음악으로 만든 노래를 들어보자
- 노랫말이 어떤 이야기의 내용이니?

3 노랫말을 손유희로 표현해 본다.

- "주렁주렁 포도 달콤달콤 향기" 는 어떻게 표현했으면 좋겠니?

여우와 포도

*손유희

주렁주렁 포도 달콤한 향기	양 엄지와 검지로 동그라미를 만들어 흔든다. 만든 동 그라미를 번갈아 가며 코에 댄다.
보고 있었죠 먹고 싶었죠	만든 동그라미를 눈에 댄 후, 먹는 시늉을 한다.
그렇지만 손이 닿지 않는 여우	양 손을 허리에 대고 머리를 좌?우로 움직힌 후, 양손을 입에 댄다.
신포도라고 그냥 갔죠	만든 동그라미를 크게 움직이며, 걸어가는 흉내를 낸다.

(참고, 동화를 활용한 손동작, 신은희외)

참고문헌

구희영외(2000). 대학 유아 음악 교육.

김기원(1999). 유아교육기관의 음악교육 실태에 관한 연구, 관동대학교 논문집, 제 2집.

김명순, 조경자 (1998). 유아를 위한 음악교육의 이론과 실제. 다음세대.

김미란(1986). 유치원 동요분석에 관한 연구, 이화여자대학교 교육대학원 석사학위논문.

김성균(1990). 유아음악교육 프로그램. 국민서관.

김성실(1999). 유아의 노래부르기 지도에 관한 연구. 연세대학교 교육대학원 석사학위논문.

김영연(1995). 유아 음악교육의 이론과 실제: "유아의 음정지도를 위한 효과적인 교수전략" 음악교육연구, 제 14집:91-103.

김혜경(2001). 유아음악교육 2000. 창지사

박성은(1983). 유아음악지도. 학문사.

성경희(1995). 유아들의 음악세계. 세광출판사.

송윤나(2001). 체계적인 유아음악 교육방안에 관한 연구, 서원대학교 교육대학원 석사학위논문.

심성경외(2003). 유아음악교육. 양서원.

안재신(1996). 유아음악교육. 교육과학사.

이민경(2001). 유아를 위한 음률악기 만들기. 교육과학사.

이정화(2003). 영유아 음악감상을 위한 운영과 실제. 서울특별시보육정보센터.

이향숙(1998). 가곡의 고향, 한국문원.

이숙희(1993). 5세 유아의 음악 청취력 향상 프로그램 개발과 그 효과에 관한 연구. 서울 여자대학교 대학원 박사학위논문.

이홍수(1992). 느낌과 통찰의 음악교육. 세광출판사.

임선영(1994). 유아음악교육에서의 리듬교육의 중요성 및 지도에 관한 연구 : Carl orff의 이론을 중심으로. 한양대학교 교육대학원 석사학위청구논문.

전인옥 · 이숙희(2003). 유아음악교육. 한국방송통신대학교 출판부.

조수철(2003). 베토벤의 생애와 음악; 고난을 헤치고 환희로. 대한 우울 · 조울병학회 동계시포지움.

한국어린이 육영회(1998), 첫 번째 음악책 활용 지침서.

Greenberg, M.(1979). Young Children Need Music. Englewood Cliffs, NJ: Prentic-Hall.

Camlbell & Scott-Kassner, C.(1995). Music in Childhood. NY: Schirmer Books.

노래 목록

부 록

여러가지 악기들

● 긁어 소리내기

재료 : 나무 젓가락, 하드보드지

● 긁어 소리내기

재료 : 수수깡, 하드보드지

⬆ 긁어 소리내기

재료 : 빨대, 하드보드지

⬇ 고무줄을 튕기거나 긁어 소리내기

재료 : 고무줄, 플라스틱통

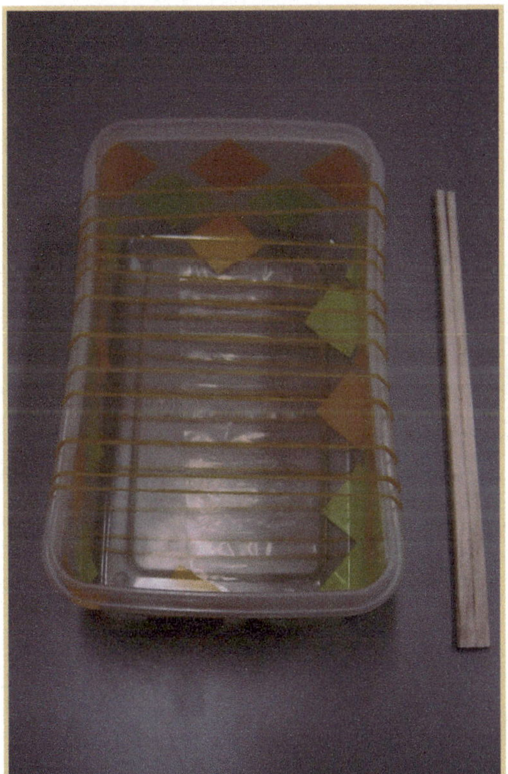

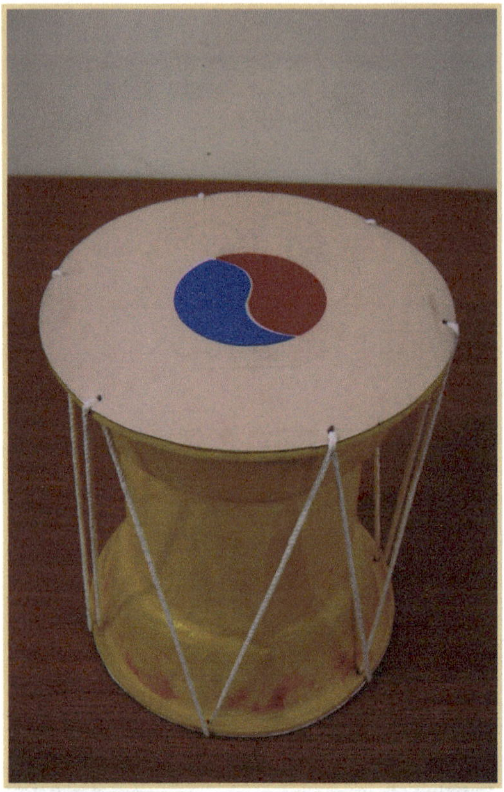

장구나 북처럼 쳐서 소리내기

재료 : 플라스틱 화분, 하드보드지

긁어 소리내기

재료 : 종이컵

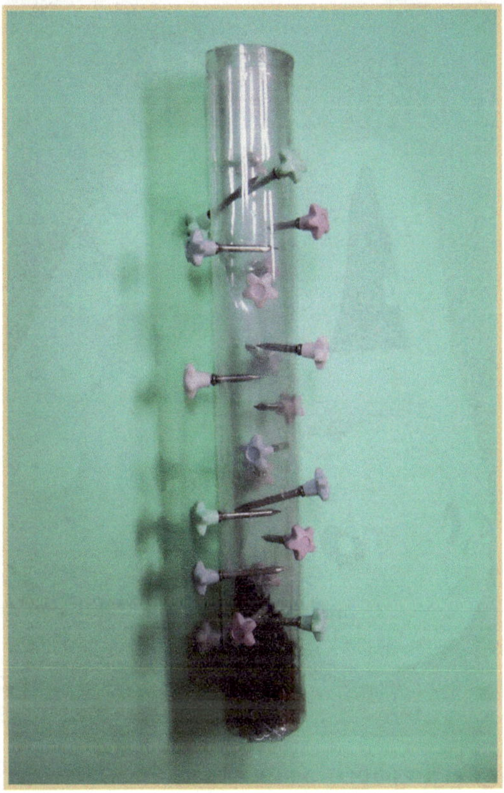

좌 · 우, 위 · 아래로 서서히 움직여 소리내기
재료 : 아세테이트지, 커텐못, 곡식

좌 · 우, 위 · 아래로 서서히 움직여 소리내기
재료 : 아세테이트지, 철사, 곡식

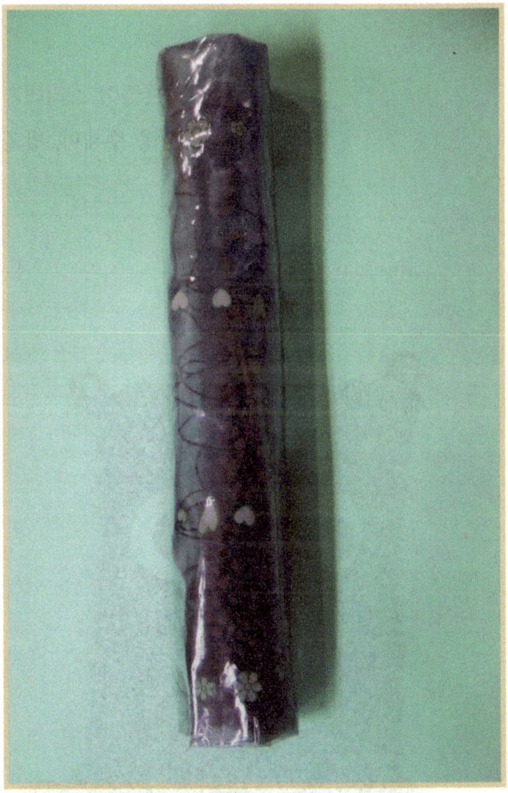

신고 걸으면서 소리내기

재료 : 유아용 실내화, 바둑알

흔들어 소리내기

재료 : 주방용 수세미, 방울

손에 끼고 흔들기

재료 : 캔디통, 곡식

쳐서 소리내기

재료 : 분유통, 튀김 젓가락

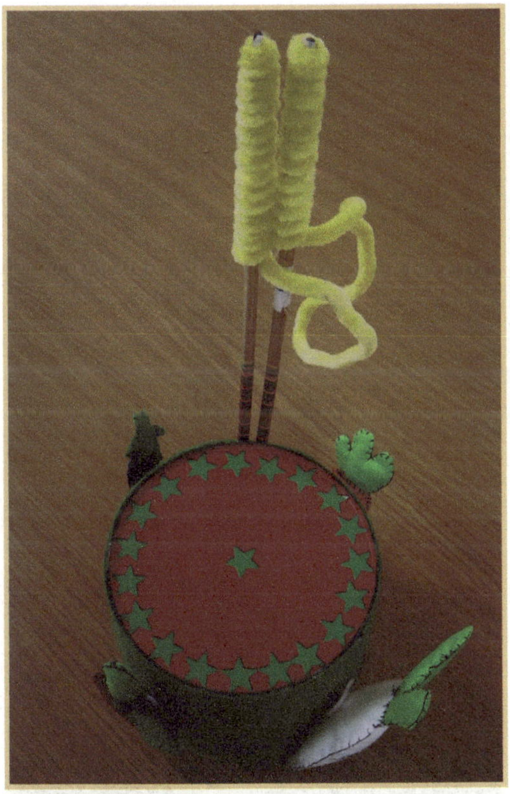

⬆ 흔들어 소리내기

재료 : 화장품, 플라스틱 용기, 곡식

⬇ 손잡이를 잡고 흔들어 소리내기

재료 : 플라스틱 컵, 방울

좌우로 흔들어 소리내기

재료 : 음료수 병, 방울

흔들어 소리내기

재료 : 나무주걱, 방울

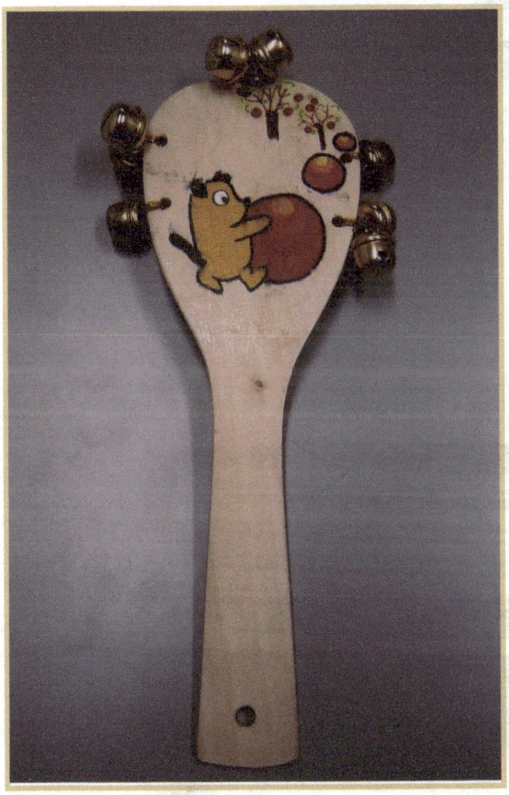

입으로 불어 소리내기

재료 : 상품

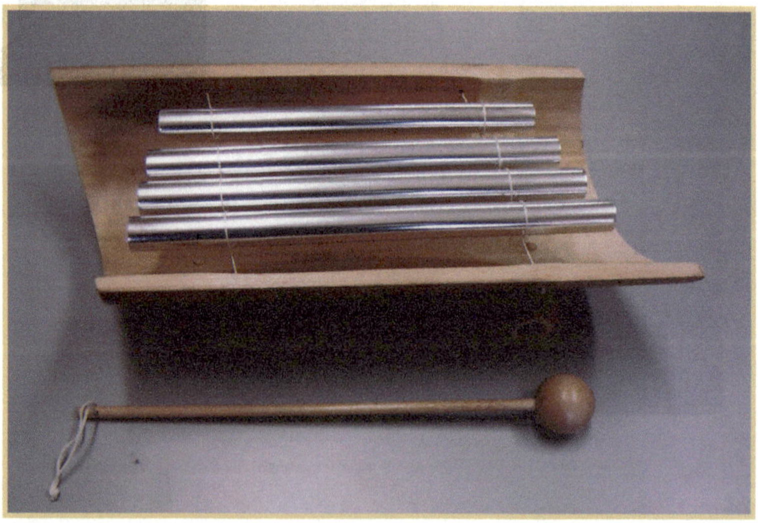

치거나 긁어서 소리내기

재료 : 상품

흔들어 소리내기

재료 : 음료수 캔, 병뚜껑

여러가지 악기들

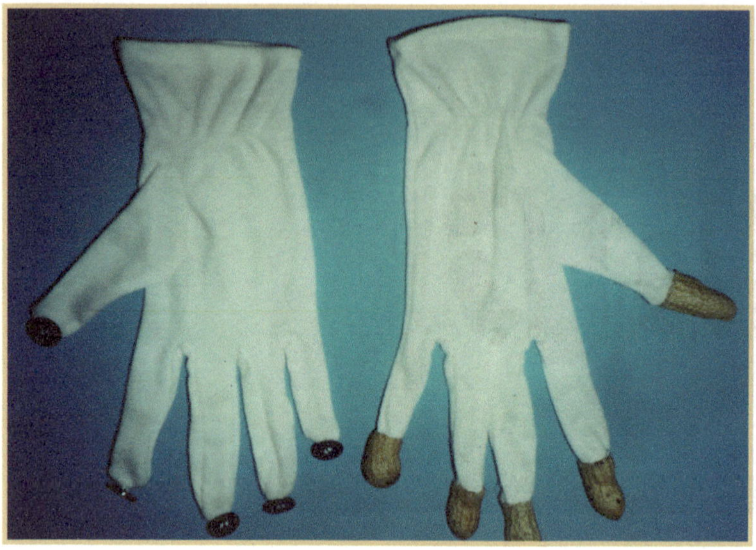

양손을 치거나 부딪혀 소리내기

재료 : 흰장갑, 단추, 땅콩껍질

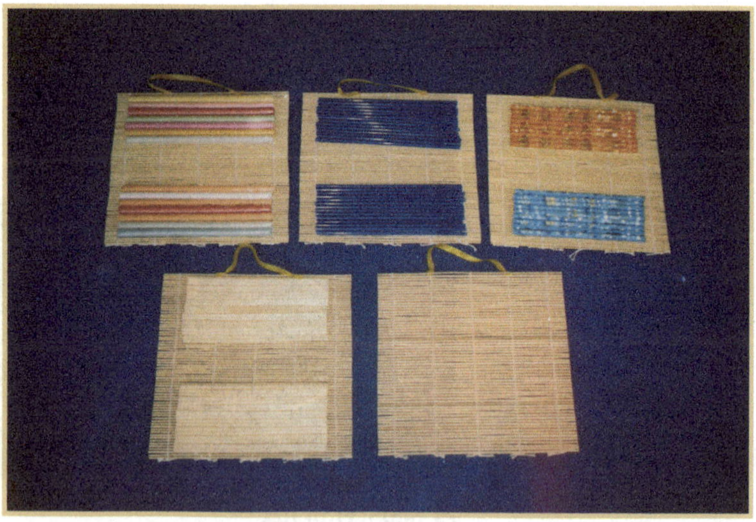

긁어 소리내기

재료 : 김발, 수수깡, 빨대, 연필, 나무젓가락

두들겨 소리내기

재료 : 고무통(大)

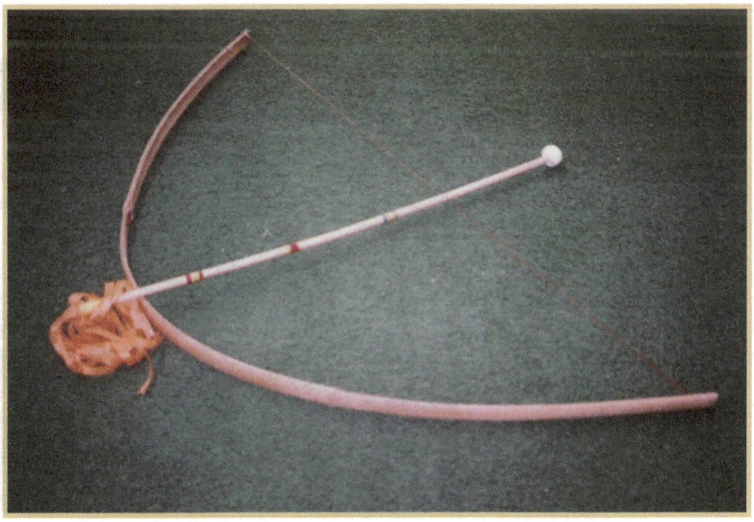

악기 연주 모양 따라하기

재료 : 대나무, 낚시줄

치거나 긁어서 소리내기

재료 : 포도주 잔

쳐서 소리내기

재료 : 토분

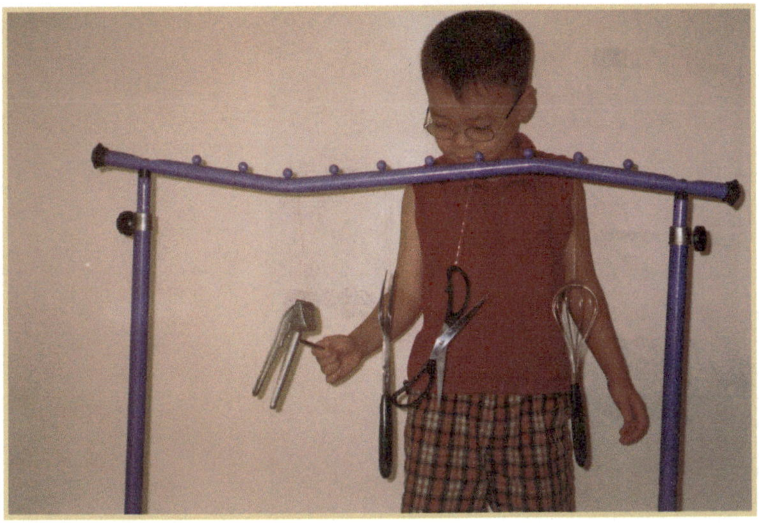

⬆ 쳐서 소리내기

재료 : 주방용품

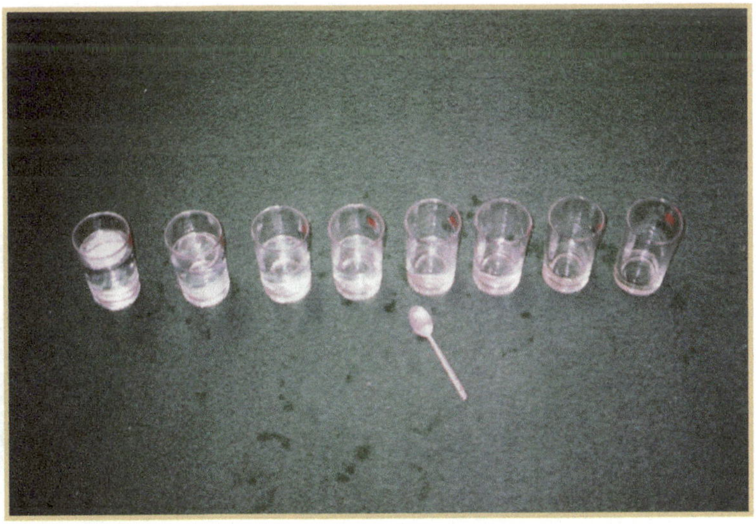

⬆ 두들겨 소리내기

재료 : 유리 컵

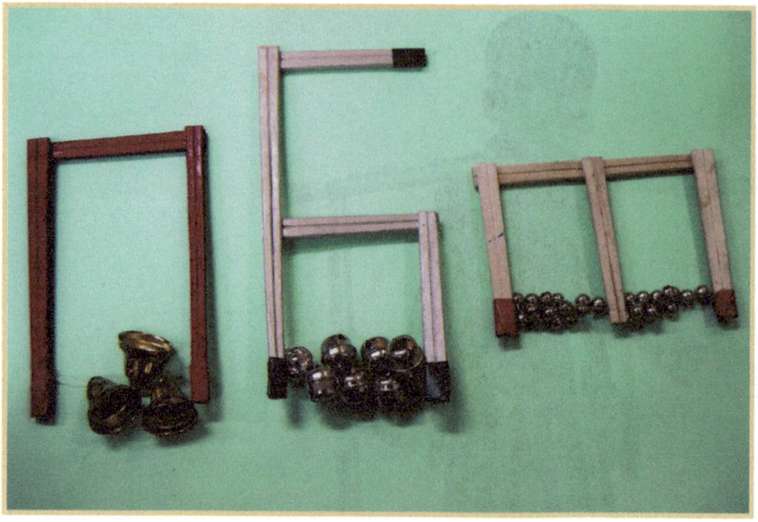

흔들어 소리내기

재료 : 나무젓가락, 종, 방울(大, 中, 小)

흔들어 소리내기

재료 : 다양한 재질의 컵, 방울, 열쇠, 단추

흔들며, 치며 소리내기

재료 : 접는 부채, 방울

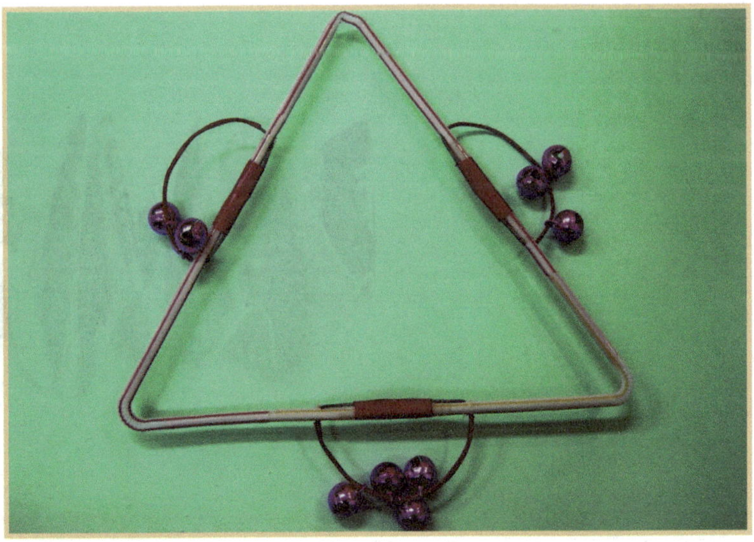

흔들어 소리내기

재료 : 빨대, 방울

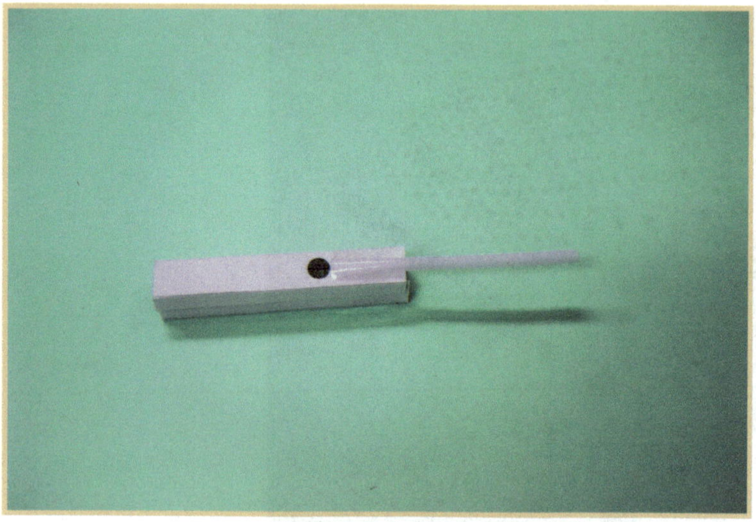

불어 소리내기

재료 : 우유 상자, 빨대

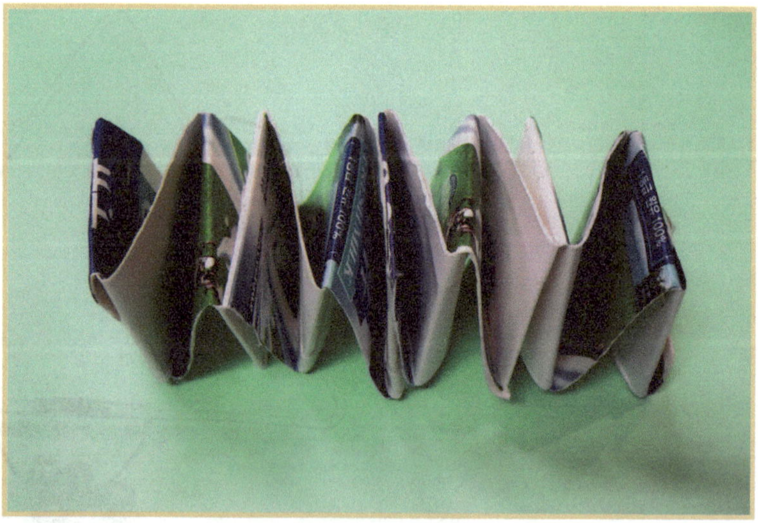

접었다 폈다 하며 소리내기

재료 : 우유 상자

흔들거나 치며 소리내기

재료 : 헌 벨트, 송

두들겨 소리내기

재료 : 스테인레스 그릇들

흔들어 소리내기

재료 : 헌 상자, 방울

흔들어 소리내기

재료 : 분유통 뚜껑, 뽕뽕이, 종

손에 끼고 소리내기

재료 : 참치 캔, 방울

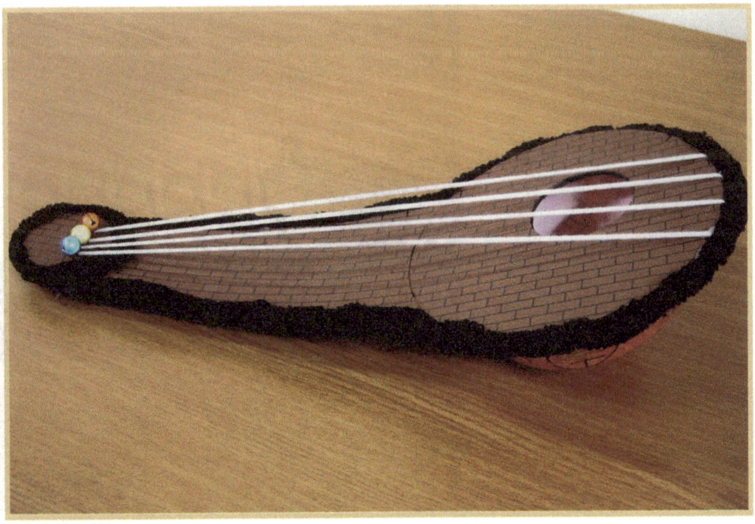

잡아당겨 소리내기

재료 : 바가지, 하드보드지, 고무줄, 종

흔들어 소리내기

재료 : 파이프 관

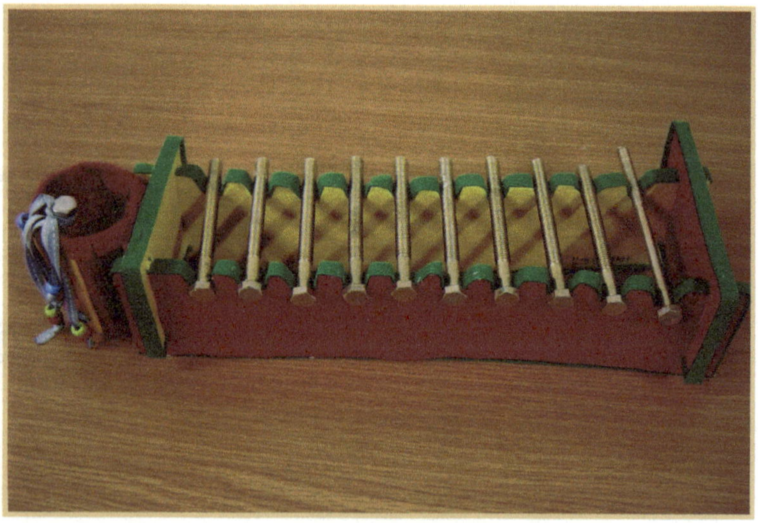

두드려 소리내기

재료 : 볼트

불어 소리내기

재료 : PVC 파이프 관

흔들어 소리내기

재료 : 음료수 캔, 병뚜껑

두드려 소리내기

재료 : 스테인레스 대야

씨앗 마라카스

재료 : 씨앗

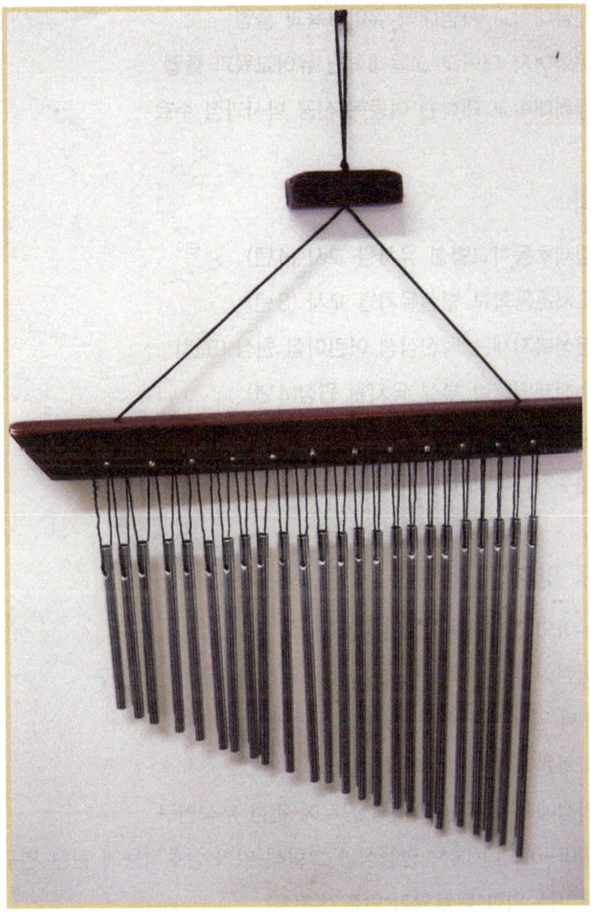

저자소개

학력

전남대학교 사범대학 유아교육과 졸업
이화여자 대학교 교육대학원 유아교육과 졸업
경희대학교 대학원 아동학 전공 박사과정 수료

경력

김제초등학교병설 유치원 교사 (4년)
초처초등학교 병설유치원 교사 (3년)
삼성복지재단 덕진삼성 어린이집 원장 (5년)
순천제일대학 부설 유치원 원장(4년)
순천제일대학 유아교육과 교수(5년)
전주기전대학 유아교육과 교수(현)

연구 및 저서

유아의 친척개념에 관한 연구
어린이집에서 사회복지사 활동 정착을 위한 기초연구
4세 영재아들의 유아교육기관 생활
다차원적 완벽성 척도개발
가정에서 보유한 그림책 장르에 관한 분석연구
영아-어머니 애착 안정성과 그림책 읽기 상호작용에 관한 연구
유아를 위한 음율악기 만들기(저서)
영아 보육의 이해(공저)
영유아의 건강과 안전(공저)
효율적인 방법으로 그림책 읽어주기(저서

유아를 위한 음악교육

초판 1쇄 발행 2005년 03월 02일

초판 5쇄 발행 2020년 09월 01일

저 자 이민경

발 행 인 이범만

발 행 처 **21세기사** (제406-00015호)

경기도 파주시 산남로 72-16 (413-130)

Tel. 031-942-7861 Fax. 031-942-7864

E-mail : 21cbook@naver.com

ISBN 978-89-8468-149-0

정가 22,000원